Wayne Dyer

# Die 10 Geheimnisse für Erfolg und inneren Frieden

GOLDMANN
ARKANA

WAYNE DYER

# Die 10 Geheimnisse für Erfolg und inneren Frieden

GOLDMANN
ARKANA

Die amerikanische Originalausgabe erschien 2001
unter dem Titel »10 Secrets for Success and Inner Peace«
bei Hay House, Inc., Carlsbad, Cal.

*Umwelthinweis:*
Dieses Buch wurde auf chlorfrei gebleichtem Papier gedruckt.
Die Einschrumpffolie (zum Schutz vor Verschmutzung)
ist aus umweltfreundlicher und recyclingfähiger PE-Folie.

1. Auflage
Deutsche Erstausgabe

Lektorat: Gerhard Juckoff
Satz: Barbara Rabus, Sonthofen
Druck: Clausen & Bosse, Leck
Printed in Germany
ISBN 3-442-33725-9
www.goldmann-verlag-de

*Für meine Tochter*
*Stephanie Louise Dyer –*
*du bedeutest mir alles.*

# Inhalt

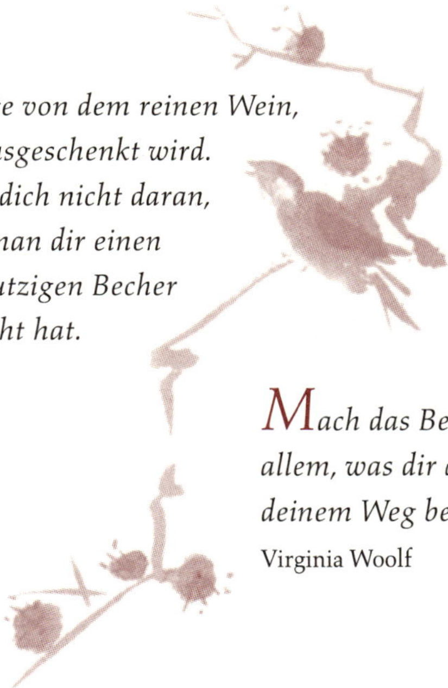

*Koste von dem reinen Wein,*
*der ausgeschenkt wird.*
*Störe dich nicht daran,*
*dass man dir einen*
*schmutzigen Becher*
*gereicht hat.*

Rumi

*Mach das Beste aus*
*allem, was dir auf*
*deinem Weg begegnet.*

Virginia Woolf

# Einleitung

Es vergeht kein Tag, an dem ich nicht an Gott denke. Aber es geht über bloßes Denken hinaus; ich erfahre seine Gegenwart in den allermeisten Augenblicken meines Wachseins. Es ist ein Gefühl der Zufriedenheit und Erfüllung, das alles übersteigt, was ich in einem Buch vermitteln könnte. Ich habe in meinem Leben den Frieden des Geistes kennen gelernt, und weil ich ihn kenne, verlieren alle meine Sorgen und Probleme, alle Dinge, die ich erreicht und angehäuft habe, an Wichtigkeit. In diesem kleinen Buch möchte ich zehn Grundsätze des Erfolgs und inneren Friedens darlegen, die, täglich angewendet und gemeistert, auch Sie zu demselben Gefühl der Ruhe und Gelassenheit führen werden.

In den letzten drei Jahrzehnten wurde ich oft zu Vorträgen in Schulen und Universitäten eingeladen. Immer wieder ermutigen mich meine Leser, junge Menschen, die ins Leben hinausgehen, meine »Geheimnisse« für ein erfolgreiches und glückliches Leben zu verraten.

Wenn ich einen Vortrag vor jungen Menschen halte, spreche ich über die zehn Geheimnisse in diesem Buch.

Unabhängig davon sind sie für jeden Menschen wertvoll, der sich entschlossen hat, ein *bewusstes* Leben zu führen. Wir alle treffen diese Entscheidung an einem Punkt, an dem wir dafür bereit sind. Bei einigen findet sie an der Schwelle des Erwachsenendaseins statt, bei anderen in der Lebensmitte oder den reifen Jahren. Die Geheimnisse sind immer gültig, ganz gleich, ob Sie noch am Anfang Ihres Weges stehen, sich seinem Ende nähern oder sich irgendwo in der Mitte befinden.

In den meisten Büchern dieser Art wird ähnlich wie in Reden zu Schulabschlussfeiern betont, wie wichtig es sei, hart zu arbeiten, Hingabe zu haben, planvoll mit Geld zu wirtschaften, Beziehungsstrategien zu entwickeln, sich für den richtigen Beruf zu entscheiden, auf die Älteren zu hören, die Regeln einzuhalten, sich realistische Ziele zu setzen, gesund zu leben und dankbar zu sein. Das sind gute Ratschläge, und wer darauf hört und sie befolgt, wird zweifellos Nutzen aus ihnen ziehen. Als langjähriger Lehrer und als Vater von acht Kindern zwischen 11 und 33 Jahren habe ich jedoch die Erfahrung gemacht, dass diese Art Empfehlungen automatisch dazu führen, dass man sich fragt: *Ist das alles?*

Ich warte hier also nicht mit Ratschlägen dazu auf, wie man sich Ziele setzt, sich hinter die Dinge klemmt, die finanzielle Zukunft plant, auf uns Ältere hört, die eigene Herkunft achtet und dergleichen mehr. Tatsächlich bin ich fast immer meinen eigenen Impulsen gefolgt und habe den Preis dafür gezahlt, dass ich keine ausgetretenen Pfade gewandelt bin und mich den Konventionen widersetzt habe. Insofern wäre es ein wenig heuchlerisch, wenn ich nun andere dazu aufriefe, meinen Empfehlungen zu folgen und meine Regeln anzuwenden. Stattdessen mache ich Sie auf zehn Geheimnisse aufmerksam, die Ihnen erlauben, sich von Ihrer eigenen Intuition führen zu lassen.

Bei meiner jahrzehntelangen Arbeit mit einer Vielzahl von Menschen habe ich die Erfahrung gemacht, dass sich viel zu viele Menschen für ein Leben anonymer Mitläuferschaft entscheiden. Schließlich empfinden sie sich reumütig als Versager, stecken voller Konflikte und Groll und fragen sich, was der Sinn des Lebens ist.

Deshalb habe ich dieses Buch in der Hoffnung geschrieben, Menschen zu helfen, sich solche Gefühle von Unzulänglichkeit zu ersparen und den Frieden Gottes zu erleben, der wahrhaften Erfolg im Leben bedeutet. Lesen Sie diese Geheimnisse mit einem offenen Herzen. Befolgen Sie jene, die Ihnen zusagen, und lassen Sie die anderen außer Acht.

Wenn Sie sich friedlich und erfolgreich fühlen, wollen Sie den Frieden und die Liebe in Ihrem Innern ausdehnen und weitergeben. Die Gewalttätigkeit, der Hass, die Diskriminierung und Intoleranz in unserer Welt deuten darauf hin, dass wir noch einen weiten Weg vor uns haben, um eine Welt des inneren und äußeren Friedens herzustellen.

Ich wünsche Ihnen Liebe und allzeit grünes Licht.

*Wayne W. Dyer*

## Das erste Geheimnis

# Mach dir ein Denken zu Eigen, das für alles offen ist und an nichts anhaftet

*Ich möchte sagen, was ich
heute denke und fühle,
unter dem Vorbehalt, dass
ich vielleicht schon morgen
alles widerrufen werde.*

Ralph Waldo Emerson

*Ich hege immer
große Hoffnungen.*

Robert Frost

Der Grundsatz, sich ein Denken zu Eigen zu machen, das für alles offen ist und an nichts anhaftet, hört sich einfach an, bis Ihnen klar wird, wie sehr Sie in Ihrem Leben konditioniert wurden und wie viele Ihrer gegenwärtigen Gedanken beeinflusst werden von geographischen Gegebenheiten, der Religion Ihrer Vorfahren, von Ihrer Hautfarbe und der Form Ihrer Augen, den politischen Anschauungen Ihrer Eltern, Ihrer Körpergröße und Geschlechtszugehörigkeit, den Schulen, auf die man Sie geschickt hat, und den Neigungen Ihrer Urgroßeltern, um nur einige Faktoren zu nennen. Sie sind als winzig kleiner Säugling mit einer unendlichen Anzahl potenzieller Möglichkeiten auf diese Welt gekommen. Viele Ihrer Wahlmöglichkeiten werden unerforscht bleiben aufgrund eines hoffentlich gut gemeinten Konditionierungsprogramms, das Sie in die Kultur der Menschen, die Sie großgezogen haben, eingliedern sollte. Ihre Chance, mit den kulturellen und gesellschaftlichen Vorkehrungen, die für Ihr Leben getroffen wurden, nicht einverstanden zu sein, war vermutlich gleich null.

Möglicherweise hat es einige Erwachsene gegeben, die Sie ermutigten, geistig offen zu sein, aber wenn Sie ehrlich mit sich sind, wissen Sie, dass Ihre Lebensphilosophie, Ihre Religion, Ihre Art, sich zu kleiden und zu sprechen, abhängig davon sind, was Ihre Herkunftsfamilie (und deren Tradition) für Sie als richtig erachtet hat. Wenn Sie sich gegen diese vorherbestimmte Konditionierung auch nur im Geringsten zur Wehr gesetzt haben, hörten Sie vermutlich Stimmen, die Sie sehr deutlich zur Ordnung riefen und darauf beharrten, dass die Dinge so gemacht würden, wie »sie von jeher gemacht wurden«. An die Stelle eines Denkens, das offen war für neue Ideen, rückte die Anpassung.

Wenn Sie christliche oder jüdische Eltern hatten, wurden Sie vermutlich nicht in der Haltung großgezogen, den Islam zu ehren und zu achten, und umgekehrt. Waren Ihre Eltern konservativ, ist es unwahrscheinlich, dass sie sich positiv über die Verdienste der Liberalen geäußert haben. Wir wissen nicht, warum unsere Vorfahren geistig nicht offen waren, aber zweifellos lebten sie in einer weniger dicht besiedelten Welt als wir. In der heutigen überbevölkerten Welt können wir es uns einfach nicht leisten, in diesem alten Stil der Engstirnigkeit fortzufahren. Sie sollten für *alle* Möglichkeiten offen sein, sich allem Schubladendenken widersetzen und sich weigern, dem Pessimismus in Ihrem Bewusstsein Raum zu geben. Für alles offen zu sein und an nichts zu haften, scheint mir eines der grundlegendsten Prinzipien zu sein, das man sich zu Eigen machen kann, um zum individuellen und weltweiten Frieden beizutragen.

## *Niemand weiß genug, um Pessimist zu sein*

Beobachten Sie einmal einen winzig kleinen grünen Keim, der aus einem Samenkorn sprießt, und lassen Sie das Gefühl der Ehrfurcht für das zu, was Sie da sehen. Ein berühmter Dichter namens Rumi sagte: »Verkauf deine Klugheit und erwirb Verwirrung.« Das Sprießen eines Keims stellt den Beginn des Lebens dar. Niemand auf diesem Planeten hat auch nur die geringste Ahnung, wie das funktioniert. Worin besteht der schöpferische Funke, der zur Folge hat, dass Leben entsteht? Was hat den Beobachter, das Bewusstsein, die Beobachtung und die Wahrnehmung selbst erschaffen? Die Fragen nehmen kein Ende.

Vor nicht allzu langer Zeit haben Experten im Zuge des Raumfahrtprogramms von der Erde aus ein kleines

Fahrzeug auf dem Mars ferngesteuert. Die unsichtbaren Signale brauchten für ihre Reise durch das All zehn Minuten, um das Fahrzeug nach rechts zu lenken und eine Schaufel in Bewegung zu setzen, die Gesteinsproben vom Mars nahm. Wir alle bewundern solche technischen Leistungen. Aber machen Sie sich einen Augenblick lang die Dimensionen klar: In einem unendlich großen Universum ist der Mars, unser nächster Nachbar, etwa so weit von uns entfernt, als würden Sie sich ein Milliardstel Zoll auf der Buchseite weiterbewegen, die Sie gerade lesen! Wir steuern ein kleines Fahrzeug auf einem Nachbarplaneten vor unserer Haustür und sind von uns dermaßen beeindruckt.

Allein in unserer Milchstraße gibt es Milliarden und Abermilliarden von Planeten, Objekten und Gestirnen, und es gibt unzählige solcher Milchstraßen. Wir sind ein Staubkörnchen in einem unermesslich großen Universum, das kein Ende nimmt. Stellen Sie einmal folgende Überlegung an: Wenn wir das Ende des Universums fänden, würden wir dann auf eine Wand stoßen? Und wenn ja, wer hat sie erbaut? Und noch verwirrender: Wie dick ist sie, und was ist auf der anderen Seite?

Wie kann jemand ein Pessimist in einer Welt sein, in der unser Wissen so gering ist? Einige Wochen nach der

Empfängnis fängt in der Gebärmutter ein Herz zu schlagen an, und niemand hier auf unserem Planeten kennt die Erklärung dafür. Im Vergleich zu dem, was es an Wissen gibt, befinden wir uns noch immer im Embryonalstadium. Verlieren Sie das nie aus den Augen, wenn Sie Menschen begegnen, die sich hundertprozentig sicher sind, dass man eine Sache nur so und nicht anders machen kann.

Widersetzen Sie sich einer pessimistischen Einstellung. Widersetzen Sie sich ihr mit aller Macht, denn wir wissen so gut wie nichts, verglichen mit dem, was es zu wissen *gibt*. Können Sie sich vorstellen, was ein Pessimist bloß 200 Jahre vor uns über die Welt denken würde, in der wir heute leben – eine Welt mit Flugzeugen, Elektrizität, Autos, Fernsehen, Fernbedienungen, Internet, Faxgeräten, Telefonen, Handys und dergleichen mehr? Das alles haben wir dem Funken geistiger Offenheit zu verdanken, der es möglich gemacht hat, dass Fortschritt, Wachstum und Kreativität florieren.

Und was ist mit der Zukunft – *unserem* Morgen und Übermorgen? Können Sie sich vorstellen, eine Zeitreise ins 14. Jahrhundert zu unternehmen, auf telepathischem Wege zu kommunizieren, ohne Flugzeug zu fliegen, sich zu entmaterialisieren und in einer anderen

Milchstraße wieder zusammenzusetzen oder ein Schaf nur mithilfe der Fotografie eines Schafes zu klonen? Ein offenes Denken erlaubt uns, zu forschen, zu erschaffen und zu wachsen. Engstirniges Denken riegelt jede schöpferische Erklärung ab.

Denken Sie daran, dass Fortschritt unmöglich wäre, wenn wir immer alles genauso machten, wie wir es bisher gemacht haben. Ihre Fähigkeit, an Wundern – den wahren Wundern in Ihrem Leben – teilzuhaben, offenbart sich, wenn Sie Ihr Denken für Ihr eigenes grenzenloses Potenzial öffnen.

### *Für Wunder offen sein*

Weigern Sie sich, von Ihrem schöpferischen Potenzial gering zu denken. Wie Michelangelo sagte, besteht die größere Gefahr nicht darin, dass wir uns zu hohe Ziele setzen und sie nicht erreichen, sondern darin, dass wir uns zu niedrige Ziele setzen *und sie erreichen*. Stellen Sie sich in Ihrem Innern eine imaginäre Kerzenflamme vor, die hell leuchtet, egal, was gerade geschieht. Diese innere Flamme steht für den Gedanken, dass Sie imstande sind, in Ihrem Leben Wunder zu vollbringen.

Jedes Mal, wenn Menschen Spontanheilungen erleben oder etwas schier Unmögliches vollbringen, hat eine vollständige Verwandlung der Persönlichkeit stattgefunden. Solche Menschen haben ihre eigene Übereinkunft mit der Wirklichkeit neu geschrieben. Um göttliche, spontane Wunder zu erleben, müssen Sie von sich das Empfinden haben, dass Sie göttlich sind. In der Heiligen Schrift heißt es: »Bei Gott sind alle Dinge möglich.« Welche Ausnahmen werden in diesem Satz genannt? Geistige Offenheit bedeutet, friedlich zu sein, Liebe auszustrahlen, Vergebung zu üben, großzügig zu sein, das Leben in seiner Gesamtheit zu achten und – was am allerwichtigsten ist – zu wissen, dass Sie imstande sind, alles zu tun, was Sie sich in Ihrem Denken und Herzen vorstellen können. Jedes universelle Gesetz, das je zur Anwendung kam, um an irgendeinem Ort, zu irgendeiner Zeit und in irgendeinem Menschen ein Wunder zu tun, ist nach wie vor in Kraft. Es wurde nicht abgeschafft und wird niemals abgeschafft werden. Auch Sie besitzen dieselbe Energie, dasselbe göttliche Bewusstsein, um Wunder zu wirken – aber nur, wenn Sie es im Innern wirklich glauben und wissen.

Sie müssen begreifen, dass das, was Sie denken, wirklich wird (»Wie ein Mensch denkt, so ist er«). Sind Ihre

Gedanken von Zweifel erfüllt und ist Ihr Denken verschlossen, werden Sie zwangsläufig den Zweifeln entsprechend handeln, die aus dem verschlossenen Denken herrühren, und die Beweise dafür auf Schritt und Tritt sehen. Sollten Sie sich hingegen entscheiden (und täuschen Sie sich nicht, es *ist* Ihre Entscheidung), in Ihrem Denken für alles offen zu sein, werden Sie auf der Grundlage dieser inneren Energie handeln und auf Schritt und Tritt der Schöpfer wie auch Empfänger von Wundern sein. Sie werden erfahren, was Walt Whitman meinte, als er schrieb: »Für mich ist jeder Quadratzentimeter Raum ein Wunder.«

## *Was es heißt, für alles offen zu sein*

*Alles* bedeutet genau das, was es besagt: ausnahmslos alles. Wenn jemand etwas behauptet, was im Widerspruch zu Ihrer Konditionierung steht, sollten Sie nicht sagen: »Das ist lächerlich; jeder weiß, dass es unmöglich ist«, sondern: »So habe ich das noch nie betrachtet. Ich werde darüber nachdenken.« Öffnen Sie sich für die spirituellen Gedanken aller Menschen, und hören Sie sich verrückte Projekte und Ideen, die zunächst unerhört erscheinen, mit einer offenen Haltung an. Wenn jemand behauptet, dass Kristalle Hämorrhoiden heilen und Kräuter den Cholesterinspiegel senken können, dass Menschen irgendwann imstande sein werden, unter Wasser zu atmen, oder dass Levitation möglich sei, hören Sie zu – und seien Sie neugierig.

Lassen Sie Ihr Festhalten an Überzeugungen los, die Ihnen beigebracht wurden. Öffnen Sie Ihr Denken *allen* Möglichkeiten, denn ganz gleich, ob Sie etwas für möglich oder unmöglich halten, Sie haben in beiden Fällen Recht. Wie kann das sein? Ihre Übereinkunft mit der Wirklichkeit und dem, was möglich ist, legt fest, was aus Ihnen wird. Wenn Sie glauben, Sie könnten nicht reich, berühmt, ein Künstler, Profisportler, großer Sänger oder was auch immer werden, handeln Sie nach dieser inneren Überzeugung, die Sie davon abhält, in Ihrem Leben das zu werden, was Ihnen wirklich gefallen würde. Die einzige Frucht Ihrer Bemühungen, die Sie ernten werden, besteht darin, dass Sie Recht haben. Wenn Sie Recht haben müssen, haften Sie an Ihren konditionierten Reflexen, die festlegen, wie die Dinge sind und von jeher waren, und gehen davon aus, dass sie immer so sein werden.

### *Die Anhaftungen loslassen*

Das erste Geheimnis besteht aus zwei Komponenten: 1. einem Denken, das für alles offen ist, und 2. einem Denken, das an nichts anhaftet. Anhaftungen sind die Quelle all unserer Probleme. Das Bedürfnis, Recht zu haben, jemanden oder etwas zu besitzen, um jeden Preis zu gewinnen oder in den Augen anderer als überlegen dazustehen – all das sind Anhaftungen. Mit einem offenen Denken lassen Sie diese Anhaftungen los und erleben infolgedessen inneren Frieden und Erfolg.

Um Anhaftungen loszulassen, müssen Sie Ihre Sicht von sich selbst ändern. Wenn Sie sich hauptsächlich mit

Ihrem Körper und Ihrem Besitz identifizieren, stellt das Ego die dominante Kraft in Ihrem Leben dar. Wenn Sie Ihr Ego genügend zähmen können, geben Sie Ihrem Geist das Signal, als leitende Kraft in Ihrem Leben zu fungieren. Als geistiges Wesen können Sie Ihren Körper beobachten und ein mitfühlender Zeuge seiner Existenz sein. Ihre Geistnatur sieht die Torheit der Anhaftungen, weil Ihr geistiges Selbst eine unendliche Seele ist. Nichts kann Sie glücklich oder erfolgreich machen. Das sind nur Vorstellungen, die Sie in Ihre Welt hineinlegen, und nicht etwas, was Sie von ihr empfangen.

Wenn Sie friedliche Gedanken hegen, haben Sie friedliche Gefühle und bringen diese in jede Situation Ihres Lebens mit. Wenn Sie an Ihren Rechten haften oder unbedingt etwas brauchen, um friedlich und erfolgreich zu sein, leben Sie ein Dasein des Strebens, ohne je anzukommen.

Es ist möglich, sich etwas brennend zu wünschen, ohne anzuhaften. Sie können eine innere Vision von dem haben, was Sie hervorbringen möchten, und sich dennoch vom Ergebnis freimachen. Wie? Im *Kurs in Wundern* heißt es: »Unendliche Geduld zeitigt sofortige Wirkungen.« Das klingt nach einem Paradox, nicht wahr? Unendliche Geduld bedeutet, die absolute Gewissheit zu besitzen, dass das, was Sie hervorbringen wollen, sich in der richtigen Reihenfolge und genau zur rechten Zeit auch zeigen wird. Die sofortige Wirkung, die Sie aus diesem inneren Wissen beziehen, ist ein Gefühl des Friedens. Wenn Sie sich vom äußeren Ergebnis frei machen, haben Sie Frieden und werden schließlich die Früchte Ihrer Überzeugungen ernten.

Angenommen, Sie hätten die Wahl zwischen zwei Zauberstäben. Wenn Sie Stab A nehmen, bekommen Sie alle Dinge auf der Welt, die Sie sich wünschen. Wenn Sie Stab B wählen, wird Sie Ihr Leben lang ein Gefühl des Friedens begleiten, egal, welche Umstände sich ergeben. Für welchen Stab würden Sie sich entscheiden? Für die Garantie von materieller Fülle oder von innerem Frieden für Ihr ganzes Leben? Wenn Sie sich für den Frieden entscheiden, besitzen Sie bereits Stab B. Sie müssen einfach nur in Ihrem Denken für alles offen sein und an nichts anhaften. Lassen Sie alles kommen und gehen, wie es will. Genießen Sie das, was kommt, aber machen Sie Ihr Glück und Ihren Erfolg niemals davon abhängig, dass Sie an irgendeinem Ding, Ort und insbesondere irgendeinem Menschen anhaften.

In all jenen Beziehungen, in denen Sie einen anderen Menschen genug lieben können, um ihm zu erlauben, so zu sein, wie er sein möchte – ohne Erwartungen oder Anhaftungen Ihrerseits –, werden Sie wahren Frieden in Ihrem Leben erfahren. Wahre Liebe bedeutet, dass Sie einen Menschen um seiner selbst willen lieben und nicht um dessentwillen, was er Ihrer Meinung nach sein *sollte*. So drückt sich geistige Offenheit aus – *und* die Freiheit vom Anhaften.

Das zweite Geheimnis

# Stirb nicht, ohne deine Musik gespielt zu haben

*Es gibt nur ein Leben für jeden von uns: unser eigenes.*

Euripides

*Ein Musiker muss musizieren,*
*ein Maler malen,*
*ein Dichter schreiben,*
*wenn er mit sich selbst*
*in Frieden sein will.*
*Was ein Mensch sein kann,*
*muss er sein.*

Abraham Maslow

Die Welt, in der wir leben, ist ein intelligentes System, in dem jedes bewegliche Teilchen mit jedem anderen beweglichen Teilchen zusammenspielt. Es gibt eine universelle Lebenskraft, die allen Dingen ihren Platz zuweist und sie erhält. Alles wirkt vollkommen harmonisch zusammen. Eines dieser beweglichen Teilchen sind *Sie*. Sie sind genau zum rechten Zeitpunkt hierher in diesen Körper gekommen, den Sie bewohnen. Mit derselben Präzision wird Ihr Körper wieder von hier fortgehen. Sie sind ein wesentlicher Bestandteil dieses komplexen Systems. Da sind Sie nun, in diesem intelligenten System, das keinen Anfang und kein Ende hat und in dem sämtliche Galaxien im Einklang miteinander ihre Bahnen ziehen. Sie *müssen* aus einem bestimmten Grund hierher gekommen sein!

Kahlil Gibran sagte: »Bei deiner Geburt ist dir dein Werk ins Herz gelegt.« Worin also besteht Ihr Werk, Ihre Bestimmung? Leben Sie sie in der Weise, zu der Ihr Herz Sie drängt?

*Auf das Herz hören*

Nehmen Sie sich hier und jetzt einen Augenblick Zeit, und zeigen Sie mit dem Finger auf sich selbst. Ihr Finger weist mit hoher Wahrscheinlichkeit direkt auf Ihr Herz -- nicht auf Ihr Gehirn, sondern auf Ihr Herz, denn das sind Sie. Das unablässige Pochen Ihres Herzens ist ein Symbol für Ihre grenzenlose Verbindung mit dem immer gegenwärtigen Herzschlag Gottes oder der universellen Intelligenz. Ihre linke Gehirnhälfte rechnet, überlegt, analysiert und präsentiert Ihnen die logischen Entscheidungsmöglichkeiten. Sie denkt, denkt, denkt! Ihre rechte Gehirnhälfte stellt Ihre intuitive Seite dar. Das ist der Teil von Ihnen, der über die Vernunft und die Analyse hinausgeht, der Teil, der Dinge fühlt, sensibel für die Liebe ist und emotional auf das reagiert, was Ihnen wichtig ist. Ihre rechte Gehirnhälfte erlaubt Ihnen, glücklich zu sein, wenn Sie Ihre Kinder im Arm halten, oder in der Schönheit eines herrlichen Tages zu schwelgen. Ihre linke Gehirnhälfte kann es *analysieren*, während Ihre rechte Gehirnhälfte es Sie *fühlen* lässt.

Nehmen Sie irgendeine Situation, und fragen Sie sich, ob das, was Sie wissen, oder eher das, was Sie fühlen, für Sie im Vordergrund steht. Das hängt natürlich auch von der Situation und den Umständen ab, in denen Sie sich befinden. Ihr Intellekt kann sich exakt überlegen, wie Sie in einer Beziehung handeln sollten, die in die Brüche geht (oder die hinreißend schön ist), und dann gibt es Zeiten, in denen das, was Sie fühlen, sich als stärker erweist als das, was Sie wissen. Wenn Sie sich ängstlich, erschreckt und einsam oder ganz im Gegenteil hingerissen, liebevoll und ekstatisch *fühlen*, werden das die dominanten Kräfte sein, auf deren Grundlage Sie handeln. Das sind die Zeiten, in denen Ihre rechte Gehirnhälfte Recht hat. Ihre rechte Gehirnhälfte wird Sie immer leidenschaftlich Ihrer Bestimmung zuführen.

## *Auf die rechte Gehirnhälfte hören*

Es gibt eine intuitive, unsichtbare Präsenz, die immer bei Ihnen ist. Ich stelle sie mir wie einen kleinen Kobold vor, der Ihnen auf der rechten Schulter hockt und Sie ermahnt, wenn Sie Ihre Bestimmung aus den Augen verlieren. Dieser kleine Kerl ist Ihr eigener Tod, der Sie dazu drängt, das zu tun, weswegen Sie hierher gekommen sind, denn Sie haben nur eine bestimmte Anzahl von

Tagen, um es zu erledigen, und dann wird Ihr Körper seinen Besuch hier beenden. Ihr unsichtbarer Begleiter stupst Sie, sobald Sie einen weiteren Tag damit zubringen, etwas zu tun, was jemand anders Ihnen vorgeschrieben hat, oder etwas, was kein Ausdruck Ihrer Leidenschaft im Leben ist.

Höchstwahrscheinlich werden Sie an Ihren Gefühlen der Frustration immer erkennen, wenn Sie nicht mit Ihrer Bestimmung im Einklang stehen. Sie werden vielleicht nicht immer nach dieser Einsicht handeln, weil Ihre linke Gehirnhälfte nicht den Mut aufbringt, dem Folge zu leisten, was Ihre rechte Gehirnhälfte als Ihre Bestimmung erkennt. Ihre intuitive innere Stimme drängt Sie immer wieder dazu, die Musik zu spielen, die Sie innerlich hören, damit Sie nicht sterben, ohne sie gespielt zu haben. Aber Ihre linke Gehirnhälfte sagt: »Halt, sei vorsichtig. Geh kein Risiko ein. Du könntest scheitern. Du könntest all jene Menschen enttäuschen, die eine andere Meinung von dem haben, was du tun solltest.« Dann meldet sich der unsichtbare Begleiter Ihrer rechten Gehirnhälfte (Ihr Tod) noch vehementer. Die Lautstärke nimmt drastisch zu, weil er versucht, Sie dazu zu bringen, Ihren Traum wahr zu machen.

Wenn Sie ausschließlich auf Ihre linke Gehirnhälfte

hören, werden Sie sich schließlich in einen Heuchler oder, noch schlimmer, in einen Roboter verwandeln. Sie stehen jeden Morgen mit dem Gros der Menschen auf, verrichten Ihre Arbeit, um Geld zu verdienen und Ihre Rechnungen bezahlen zu können, und am nächsten Morgen stehen Sie wieder auf und wiederholen das Ganze. Inzwischen wird die Musik in Ihnen immer leiser, bis sie fast unhörbar geworden ist. Aber Ihr permanenter unsichtbarer Begleiter hört die Musik unablässig und fährt fort, Ihnen auf die Schulter zu tippen.

Die Versuche, Ihre Aufmerksamkeit zu gewinnen, können die Form einer Krankheit annehmen, eines Feuers, das Ihren Widerstand verbrennt, einer Kündigung in einem erdrückenden Job oder auch eines Unfalls, der Sie in die Knie zwingt. Solchen Unfällen, Krankheiten und Pechsträhnen schenken wir dann gewöhnlich Aufmerksamkeit, aber nicht immer. Einige Menschen enden wie Tolstois Romanfigur Ivan Iljitsch, der sich auf dem Totenbett ängstlich die Frage stellte: »Was, wenn mein ganzes Leben verkehrt war?« Das ist eine, wie ich finde, beängstigende Aussicht.

Sie müssen sich nicht für dieses Schicksal entscheiden. Hören Sie auf Ihren unsichtbaren Begleiter, spielen Sie die Musik, die Sie innerlich hören, und ignorieren

Sie, was Sie der Meinung der Menschen in Ihrer Umgebung nach tun sollten. Wie Thoreau sagte: »Wenn ein Mensch nicht mit seinen Begleitern Schritt hält, dann, weil er vielleicht einen anderen Trommler hört. Möge er doch im Takt der Musik einherschreiten, die er hört, wie langsam und gemessen oder wie fern sie auch sein mag!«

Nehmen Sie hin, dass andere sich vielleicht von Ihnen verraten fühlen; wichtiger ist, dass Sie nicht Ihre Musik, Ihre Bestimmung, verraten. Hören Sie auf Ihre Musik, und tun Sie das, was Sie Ihrem Empfinden nach tun müssen, damit Sie sich ganz und vollständig fühlen und spüren, dass Sie Ihr Schicksal erfüllen. Sie werden niemals Frieden haben, wenn Sie diese Musik nicht spielen. Lassen Sie die Welt wissen, warum Sie hier sind, und tun Sie es leidenschaftlich.

## *Leidenschaftlich sein heißt Risiken eingehen*

Vielleicht führen Sie ein bequemes Leben, wenn Sie nicht Ihrem Instinkt folgen. Sie bezahlen Ihre Rechnungen, füllen alle Formulare richtig aus und leben ein angepasstes Leben, wie es im Buche steht. Aber es ist ein

Buch, das von jemand anderem geschrieben wurde. Sie sind sich dieses mahnenden Begleiters bewusst, der Ihnen keine Ruhe lässt und sagt: »Das mag richtig aussehen, aber fühlt es sich auch richtig an? Tust du das, weswegen du hierher gekommen bist?« Viele Menschen würden antworten: »Woher soll ich wissen, worin meine eigentliche Aufgabe besteht?«

Sie finden Ihre Leidenschaft in dem, was Sie am meisten inspiriert. Was bedeutet das Wort *inspiriert*? Es leitet sich aus *»in«* und *»spirare«* her und heißt eigentlich »hineinhauchen, mit Geist erfüllen«. Wenn Sie inspiriert sind, müssen Sie niemals nach Ihrer Bestimmung fragen; Sie leben sie. Bei einer meiner Töchter besteht sie darin, zu reiten und sich im Pferdestall zu tummeln. Sie ist im siebten Himmel, wenn sie auf dem Rücken eines Pferdes sitzt oder eine Box mit Pferdemist auskehrt. Eine andere fühlt sich nur inspiriert, wenn sie singt, Musik schreibt oder aufführt, und das seit ihrem zweiten Lebensjahr. Bei einer anderen wiederum sind es das Kunsthandwerk und Design, die ihr ein Gefühl von Sinn vermitteln, und bei einer vierten, wenn sie für andere Internetseiten und Computerprogramme entwirft. Ich fühle mich inspiriert, wenn ich schreibe, Vorträge halte und Ideen entwickle, die Menschen helfen, selbstsicherer zu werden. Das war schon als Kind meine Leidenschaft.

Worin besteht *Ihre* Leidenschaft? Was bewegt Ihre Seele und gibt Ihnen das Gefühl, im völligen Einklang mit dem Grund zu sein, aus dem Sie eigentlich hierher gekommen sind? Glauben Sie mir: Was es auch sein mag, Sie können damit Ihren Lebensunterhalt bestreiten und gleichzeitig anderen dienen. Ich verbürge mich dafür.

Das Einzige, was Sie davon abhält, die Musik zu spielen, die Sie vernehmen, und dem einzigartigen Rhythmus zu folgen, den Sie im Innern hören, ist Angst. Nach dem *Kurs in Wundern* gibt es nur zwei grundlegende Emotionen: die eine ist Angst, die andere Liebe. Vielleicht fürchten Sie die Missbilligung anderer. Nehmen Sie dieses Risiko auf sich, und Sie werden entdecken, dass Sie mehr Anerkennung ernten, wenn Sie nicht nach ihr heischen, als umgekehrt. Vielleicht fürchten Sie das Unbekannte. Nehmen Sie auch dieses Risiko auf sich. Begeben Sie sich gedanklich in die Situation, und fragen Sie sich: »Was kann schlimmstenfalls passieren, wenn es nicht klappt?« Die Wahrheit lautet, dass das Leben einfach weitergeht. Sie werden weder verhungern, noch wird man Sie foltern, wenn es nicht funktioniert.

Womöglich haben Sie Angst davor, erfolgreich zu sein. Sie sind vielleicht darauf konditioniert zu glauben, dass Sie unzulänglich oder begrenzt sind. Die einzige Möglichkeit, diese absurde Vorstellung infrage zu stellen, ist, sich Ihrer Bestimmung hier auf Erden anzunähern und sich vom Erfolg einholen zu lassen, wie es mit Sicherheit geschehen wird. Vielleicht fürchten Sie sich auch vor dem dicksten Brocken überhaupt: dem Versagen.

### *Das Märchen des Versagens*

Es mag Sie überraschen zu hören, dass Versagen eine Illusion ist. Niemand versagt je bei irgendetwas. Alles, was Sie tun, bringt ein Ergebnis hervor. Wenn Sie lernen wollen, einen Ball zu fangen, und Sie lassen den Ball fallen, den jemand Ihnen zuwirft, haben Sie nicht versagt, sondern einfach ein Ergebnis produziert. Die wirkliche Frage lautet, wie Sie mit den Ergebnissen umgehen, die Sie produzieren. Laufen Sie weg und jammern Sie, dass Sie eine Null im Sport sind, oder sagen Sie: »Wirf ihn noch einmal«, bis Sie den Ball schließlich fangen? Versagen ist ein Urteil oder einfach nur eine Meinung. Sie entsteht aus Ihren Ängsten, die durch

Liebe beseitigt werden können – durch Selbstliebe, Liebe für das, was Sie tun, und Liebe anderen und der Erde gegenüber. Wenn Liebe in Ihnen ist, kann die Angst nicht überleben. Denken Sie an die Botschaft in diesem alten Spruch: »Die Angst klopfte an die Tür. Als die Liebe aufmachte, war niemand da.«

Die Musik, die Sie in Ihrem Innern hören und die Sie auffordert, Risiken einzugehen und Ihre Träume wahr zu machen, stellt die intuitive Verbindung zu Ihrer angeborenen Herzensbestimmung dar. Seien Sie enthusiastisch bei allem, was Sie tun. Hegen Sie diese Leidenschaftlichkeit in Ihrem Bewusstsein, wie sie das Wort *Enthusiasmus* ausdrückt, das sich aus *»en-theos«* – gottbegeistert – herleitet. Die Leidenschaft, die Sie verspüren, ist Gott in ihrem Innern, der Ihnen signalisiert, das Risiko auf sich zu nehmen, Sie selbst zu sein.

Ich habe festgestellt, dass vermeintliche Risiken gar keine sind, sobald wir unsere Ängste überwinden und Liebe und Selbstachtung in uns einlassen. Wenn Sie ein Ergebnis produzieren, über das andere lachen, müssen Sie auch lachen. Wenn Sie sich selbst achten, können Sie beim Stolpern über sich selbst lachen als jemand, der gelegentlich stolpert. Wenn Sie sich selbst lieben und achten, fürchten und meiden Sie die Missbilligung anderer nicht. Von dem Dichter Rudyard Kipling stammt der Satz: »Wenn man dem Triumph und der Niederlage begegnen und mit beiden Betrügern auf dieselbe Weise umgehen kann, gehört einem die Erde und alles, was darauf ist.« Das Schlüsselwort hier heißt *Betrüger*. Triumph und Niederlage sind nicht wirklich, sondern existieren nur in den Köpfen der Menschen.

Folgen Sie Ihrer rechten Gehirnhälfte, hören Sie auf Ihre Gefühle, und spielen Sie Ihre eigene Musik. Sie werden nichts und niemanden fürchten müssen, und Sie werden nicht Gefahr laufen, eines Tages auf Ihrem Totenbett zu liegen und sagen zu müssen: »Was, wenn mein ganzes Leben verkehrt war?« Ihr unsichtbarer Begleiter auf Ihrer rechten Schulter wird Sie jedes Mal stupsen, wenn Sie sich von Ihrer Bestimmung entfernen. Er macht Ihnen Ihre Musik bewusst. Hören Sie also zu – und sterben Sie nicht, ohne die Musik in Ihrem Innern gespielt zu haben.

Das dritte Geheimnis

# Du kannst nicht geben, was du nicht hast

*Niemand, der etwas sehr Schwieriges tut*
*und es sehr gut macht,*
*verliert je seine Selbstachtung.*

George Bernard Shaw

*Was kann der Mensch!*
*Und was könnte der Mensch!*

Johann Wolfgang von Goethe

Selbstverständlich kann man nicht geben, was man nicht hat! Das erscheint so offensichtlich, dass Sie sich vielleicht fragen, warum ich dieses Prinzip zu meinen zehn Geheimnissen für Erfolg und inneren Frieden zähle. Der Grund ist, dass ich festgestellt habe, dass die meisten Menschen, die keinen inneren Frieden und Erfolg im Leben haben, diese simple Wahrheit nicht beherzigen.

Kennen Sie Leute, die mit Liebe reagieren, wenn ihnen negative Energie entgegengebracht wird? Es gibt nicht allzu viele Menschen, die in solchen Umständen liebevoll reagieren. Diejenigen, denen es gelingt, sind dazu imstande, weil sie Liebe zu verschenken haben. Sie wissen, dass es unmöglich ist, etwas zu geben, was man nicht hat, und sind über sich selbst hinausgegangen, um das zu erlangen, was sie in ihrem Leben sowohl haben als auch geben wollen. Wenn Sie Liebe und Freude geben und empfangen wollen, denken Sie daran, dass Sie das, was Sie nicht haben, auch nicht geben können, aber Sie *können* Ihr Leben ändern, indem Sie Ihr Inneres ändern und bereit sind, über sich hinauszugehen.

## *Das Innere ändern*

Lassen Sie sich folgende Aussage bezüglich Ihrer inneren Wirklichkeit durch den Kopf gehen: Ihre Gedanken schaffen Ihre Wirklichkeit, denn Ihre Gedanken bestimmen, wie Sie auf Situationen im Alltag reagieren. Diese Reaktionen sind die Energie, die Sie im Innern haben und nach außen abgeben können. Wenn Sie Ärger und Wut verspüren, dann, weil in Ihrem Körper Wutenergie steckt. Wie alles in unserem Universum stellen unsere Gedanken eine Form von Energie dar. Alles, was wir fühlen und erleben, ist das Ergebnis dessen, was ich die *persönliche Anziehungskraft* nenne. Das bedeutet, dass Sie das zurückbekommen, was Sie in die Welt hinausschicken. Was Sie anziehen, ist somit das, was Sie anderen geben können.

Niedrige Energie zieht niedrige Energie an. Wut, Hass, Scham, Schuld und Angst sind einige dieser Gedanken niederer Energie. Diese Gedanken schwächen Sie nicht nur, sondern ziehen auch noch mehr von ihresgleichen an! Wenn Sie die Gedanken in Ihrem Innern in die höheren Schwingungen von Liebe, Harmonie, Güte, Frieden und Freude wandeln, ziehen Sie mehr davon an, sodass Sie höhere Schwingungen haben und geben können. Diese höheren und schnelleren Schwingungen, die Ihnen Kraft verleihen, werden ganz von selbst die niederen Energien zunichte machen und auflösen, so wie die Anwesenheit von Licht die Dunkelheit zum Verschwinden bringt.

## *Sich selbst lieben und achten*

Indem Sie sich selbst gegenüber liebevoller werden, ziehen Sie mehr von diesen höheren, schnelleren Energien an und beginnen das, was in Ihrem Innern liegt, zu verändern. Kultivieren Sie gedanklich eine innere Stimme und Einstellung, die immer hundert Prozent der Zeit *für* Sie ist. Stellen Sie sich einen Aspekt in Ihrem Innern vor, der Sie nur unterstützt und liebt. Sie könnten eine bestimmte Zeit am Tag festlegen, zu der das der einzige Gedanke ist, dem Sie sich erlauben, Aufmerksamkeit zu schenken! Allmählich werden Sie diese Haltung auf andere Menschen übertragen, selbst wenn es Ihnen nur ein oder zwei Minuten lang gelingt. Diese Energie wird anfangen, zu Ihnen zurückzufließen, und schließlich werden Sie imstande sein, jedem und allem in Ihrer Welt Gedanken der Liebe und Freude zu schicken. Achten Sie darauf, wann Ihre Gedanken in die niedrige Energie von Spott, Hass oder Schuld abgleiten, und ändern Sie diese Gedanken wenn möglich im selben Augenblick. Wenn es Ihnen nicht gelingt, diese Gedanken zu ändern, dann lieben Sie sich zumindest für das, was Ihnen *gelungen* ist, nämlich, dass Sie sie wahrgenommen haben.

Schließen Sie mit sich selbst ein Abkommen, oft an dieses Geheimnis zu denken, dass Sie nur das geben können, was Sie haben. Dann arbeiten Sie an Ihrem persönlichen Programm der Selbstliebe, Selbstachtung und Willensstärkung, und stellen Sie einen ausführlichen Katalog all dessen auf, was Sie geben möchten.

Eine der Lektionen, die ich fortwährend lerne und übe, ist, dass das Universum mit derselben Energie antwortet, die wir aussenden. Wenn Sie viele Menschen anziehen, von denen Sie ausgenutzt werden, müssen Sie darüber nachdenken, was Sie selbst tun, um in Ihrem Leben solche Nutznießer anzuziehen. Wenn Sie häufig auf Ärger treffen, sollten Sie die Wutgedanken untersuchen, die Sie im Innern hegen. Wenn in Ihrem Bewusstsein eine »Gib! Gib! Gib!«-Energie herrscht, werden Sie in Ihrem Leben alle Arten von fordernden Energien anziehen. An der Zahl der nicht eingehaltenen Termine, der fordernden Chefs oder Kunden, die Ihnen begegnen, und dem Gefühl, Opfer zu sein, erkennen Sie, ob das der Fall ist. Wenn Sie die Energie von »Gib! Gib! Gib!« ins Universum aussenden, wird es Ihnen auf dieselbe Weise antworten.

Wenn Sie hingegen Selbstachtung und Selbstliebe aussenden, wird Ihnen das Universum mittels der Anziehungskraft die Liebe und die Achtung zurückgeben, die Sie ausgestrahlt haben. Es ist wirklich so einfach. Sie können nicht geben, was Sie nicht haben.

Wenn Sie Ihrem Nachbarn als Ausdruck Ihrer freundlichen Gefühle ein Dutzend Orangen schenken wollen, müssen Sie zwangsläufig ein Dutzend Orangen besitzen. Wollen Sie Ihren Eltern ein neues Auto kaufen, um sich dafür zu bedanken, dass sie Ihnen das Studium finanziert haben, müssen Sie natürlich über das entsprechende Geld verfügen. Ebenso können Sie anderen Menschen keine Liebe schenken, wenn Sie keine Liebe für sich selbst haben; Sie können andere nicht achten, wenn es Ihnen an Selbstachtung mangelt; Sie können kein Glück schenken, wenn Sie sich unglücklich fühlen. Und das Umgekehrte gilt natürlich auch.

Sie können nur geben, was Sie *tatsächlich* haben, und alles, was Sie jeden Tag verschenken, sind Dinge aus Ihrem eigenen persönlichen Bestand. Wenn Sie Hass geben, dann weil Sie Hass in sich selbst aufgestaut haben, den Sie jetzt loswerden wollen. Wenn Sie Elend geben, dann weil Sie einen Vorrat davon haben, aus dem Sie auswählen und den Sie verteilen.

Das Ganze wird leichter verständlich durch den Vergleich mit einer Orange, die man auspresst. Wenn man eine Orange auspresst, erhält man immer Orangensaft, unabhängig davon, wer die Orange auspresst, zu welcher Tageszeit man sie auspresst, welches Werkzeug benutzt wird oder welche Umstände das Auspressen begleiten. Was herauskommt, ist das, was drin war. Dieselbe Logik ist auch auf Sie übertragbar.

Wenn jemand Sie »auspresst« – Sie in irgendeiner Weise unter Druck setzt oder etwas Unschmeichelhaftes oder Kritisches sagt –, und aus Ihnen kommen Ärger, Hass, Bitterkeit, Spannung, Depression oder Besorgnis, dann, weil *genau das in Ihrem Innern lag*. Logischerweise können Sie nicht geben, was Sie *nicht* haben, sondern immer nur das, was Sie *haben*. Wenn Sie nun Ihre Bestimmung im Leben darin erkennen, anderen zu geben und ihnen zu dienen, dann fragen Sie sich: »Was habe ich im Innern?« und »Welche Energien habe ich in mir angesammelt, die ich anderen geben kann?«

## *Die eigene Bestimmung finden*

Sie sehnen sich höchstwahrscheinlich danach, Ihre Bestimmung im Leben zu erkennen. »Wie kann ich meine Bestimmung finden?«, ist die Frage, die ich am häufigsten zu hören bekomme. Die Fragesteller erläutern ihr

Dilemma oft, indem sie sagen: »Ich wäre glücklich, wenn ich nach meiner Bestimmung leben könnte, aber ich weiß einfach nicht, worin sie besteht.« Meine Antwort lautet, dass wir mit absolut nichts auf diese Welt kommen und sie genauso wieder verlassen werden. Alles, was Sie besessen und geleistet haben, müssen Sie zurücklassen. Daher besteht das Einzige, was Sie mit Ihrem Leben tun können, darin, es zu schenken. Sie werden das Gefühl haben, ein sinnvolles Leben zu führen, wenn Sie einen Weg finden können, *anderen stets zu dienen*.

Ein sinnvolles Leben hat mit Dienen zu tun, damit, die Aufmerksamkeit von sich selbst und dem Eigennutz abzuziehen und auf irgendeine Art für andere da zu sein. Der eine baut Häuser, weil er gern baut; doch er baut auch, um andere glücklich zu machen. Der Nächste ist Designer, weil sein Herz es ihm sagt; doch mit seinen Entwürfen dient er auch anderen. Ein Dritter schreibt, weil er sich gern mit Worten ausdrückt; doch diese Worte werden auch den Lesern helfen und sie inspirieren. Wenn Sie Ihre Bestimmung noch nicht gefunden haben, werden Sie in den verschiedenen Abschnitten Ihres Lebens fortfahren, nach ihr zu suchen. Es gibt verschiedene Modelle, um die einzelnen Lebensabschnitte zu beschreiben. Ich verwende hier die vier archetypischen Stufen des Athleten, des Kriegers, des Staatsmannes und des Geistesmenschen, um kurz aufzuzeigen, worin die Bestimmung in jedem Abschnitt besteht.

Beim Archetypus des Athleten steht ausschließlich der physische Körper im Mittelpunkt – sein Aussehen und seine Leistungen. Der Archetypus des Kriegers will konkurrieren, siegen und den Lohn einstreichen. Beim Archetypus des Staatsmanns liegt der Schwerpunkt darauf, die Wünsche anderer zu befriedigen, indem er fragt: »Wie kann ich dienen?« Auf der letzten und höchsten Stufe, die wir kennen, ist der Archetypus des Geistesmenschen angesiedelt. Auf dieser Stufe verstehen Sie, was es heißt, *in* der Welt, aber nicht *von* der Welt zu sein. Der geistige Teil von Ihnen weiß, dass weder der Körper noch diese Welt sein ausschließliches Zuhause sind. Dieser Geist-Archetypus lädt Sie ein, Ihre materiellen Interessen hintanzustellen und Ihre Energie verstärkt auf die Essenz des Lebens zu verwenden, die im Lieben und Dienen besteht.

Auf Ihrem allmählichen Weg durch diese vier Archetypen werden Sie feststellen, dass Sie immer weniger an Ihren Eigennutz und immer mehr daran denken, wie

Sie die Welt zu einem besseren Ort für alle machen können. Auf diese Weise entdecken Sie eine große Wahrheit. Je mehr Sie Ihren eigenen Zielen hinterherjagen und Ihren Eigennutz im Auge haben, desto mehr werden diese Ziele sich Ihnen entziehen. Wenn Sie jedoch Ihre Gedanken und Aktivitäten, ganz gleich worin sie bestehen, in den Dienst anderer stellen, werden die Dinge, denen Sie immer hinterhergejagt sind, Ihnen auf Schritt und Tritt folgen. Sobald Sie sich selbst vollständig aus dem Weg räumen, scheint es, als würden die Kräfte des Universums sich verschwören, um Ihnen all das zur Verfügung zu stellen, was Sie vorher für sich angestrebt haben. Und weil Sie nicht länger an etwas haften, wird es in Ihr Leben frei hineinfließen und wieder hinausfließen.

Das bedeutet: Hören Sie auf, Ihr Leben so persönlich zu nehmen. Sie können jegliches Leiden beenden, wenn Sie sich daran erinnern, dass nichts im Universum persönlich ist. Natürlich ist Ihnen beigebracht worden, das Leben sehr persönlich zu nehmen, aber das ist eine Illusion. Zügeln Sie Ihr Ego, und machen Sie sich vollkommen frei davon, je etwas persönlich zu nehmen.

Behalten Sie folgende Gedanken im Sinn, besonders wenn Sie sich verwirrt oder unsicher im Hinblick darauf fühlen, worin Ihre Bestimmung besteht: »Meine Bestimmung hat mit Geben zu tun. Ich werde meine Gedanken von mir selbst abwenden und die nächsten Stunden damit zubringen, danach Ausschau zu halten, wie ich irgendeinem Menschen oder Geschöpf auf unserem gefährdeten Planeten dienen kann.« Das wird Ihnen wieder zu der Einsicht verhelfen, dass es keine Rolle spielt, was Sie tun, solange Sie imstande sind zu geben. Damit Sie voll und ganz geben, dienen und sich letztlich sinnvoll fühlen können, müssen Sie ja sagen können, wenn Sie sich selbst fragen: »Habe ich wirklich das, was ich gern geben möchte?«

## Das vierte Geheimnis

# Suche die Stille

*Einsamkeit im Sinne von häufigem Alleinsein ist wesentlich für jede Tiefe der Meditation oder des Charakters; und Einsamkeit im Angesicht natürlicher Schönheit und Größe ist die Wiege von Gedanken und Bestrebungen, die nicht nur für den Einzelnen gut sind, sondern ohne die auch die Gesellschaft gar nicht auskommen könnte.*

John Stuart Mill

*Vielleicht ist eine der größten Belohnungen der Meditation und des Gebets das Gefühl des Dazugehörens, das uns überkommt.*

Bill W.

Wir leben in einer lauten Welt und werden unablässig mit lauter Musik, Straßenlärm, dem Geräusch von Sirenen und Düsenflugzeugen, dröhnenden Lastwagen, Laubsaugern, Rasenmähern und Baumsägen bombardiert. Diese von Menschen gemachten, unnatürlichen Geräusche übermannen unsere Sinne und halten die Stille fern. Tatsächlich sind wir in einer Kultur aufgewachsen, die die Stille nicht nur meidet, sondern sich zutiefst vor ihr fürchtet. Ständig muss das Autoradio laufen, und jede Pause in der Unterhaltung ist ein peinlicher Augenblick, den die meisten Menschen schnell mit Geschwätz füllen. Vielen Menschen erscheint es wie ein Albtraum, allein zu sein, und als reinste Folter, in der Stille allein zu sein. Der berühmte Gelehrte Blaise Pascal sagte: »Das ganze Elend des Menschen rührt daher, dass er nicht imstande ist, ruhig für sich allein in einem Raum zu sitzen.«

Es gibt einen kurzen Raum der Stille zwischen Ihren Gedanken, dessen Sie sich mit einer gewissen Übung bewusst werden können. In diesem stillen Raum finden Sie den Frieden, nach dem Sie sich im Alltag sehnen. Sie werden diesen Frieden nie kennen lernen, wenn Sie keinen Raum zwischen Ihren Gedanken lassen. Es heißt, ein Mensche habe am Tag durchschnittlich 60 000 verschiedene Gedanken. Bei so vielen Gedanken gibt es fast keine Lücken. Wenn Sie die Anzahl Ihrer Gedanken halbieren könnten, würde sich für Sie eine ganze neue Welt eröffnen. Wenn Sie nämlich in die Stille eintauchen und eins mit ihr werden, verbinden Sie sich wieder mit Ihrer Quelle und lernen den Frieden kennen, den manche Gott nennen. »Sei still und erkenne, dass ich Gott bin«, heißt es so wunderbar in den Psalmen des Alten Testaments. Die Schlüsselwörter lauten *still* und *erkennen*.

*Stillsein* bedeutet eigentlich *Schweigen*. Mutter Teresa beschrieb das Schweigen und seine Beziehung zu Gott mit den Worten: »Gott ist der Freund des Schweigens. Siehe, wie in der Natur die Bäume und das Gras lautlos wachsen; siehe, wie Sonne, Mond und Sterne schweigend ihre Bahn ziehen … Wir brauchen Schweigen, um imstande zu sein, die Seelen zu berühren.« Das gilt auch für Ihre Seele!

Es ist eigentlich der Raum zwischen den Tönen, der die Musik erzeugt, die Sie so sehr genießen. Ohne die Zwischenräume hätten Sie nichts weiter als einen einzigen fortlaufenden lärmenden Ton. Alles Erschaffene geht aus dem Schweigen hervor. Ihre Gedanken stellen sich aus dem Nichts des Schweigens ein. Ihre Worte kommen aus dieser Leere. Ihr innerstes Wesen selbst ist aus dieser Leere hervorgetreten. Diejenigen, die nach uns kommen werden, warten in der großen Leere. Jeder schöpferische Akt erfordert eine gewisse Stille. Inneren Frieden zu empfinden gründet darauf, einen Teil Ihrer Zeit in Schweigen zu verbringen, um Ihre Batterie wieder aufzuladen, Spannung und Ängstlichkeit zu beseitigen, die Freude der Gotteserkenntnis wieder zu spüren und sich der ganzen Menschheit näher zu fühlen. Schweigen lindert die Erschöpfung und erlaubt Ihnen, Ihre eigene schöpferische Energie zu erfahren.

Das zweite Schlüsselwort in dem Satz aus dem Alten Testament, *erkennen*, bezieht sich darauf, dass Sie einen persönlichen und bewussten Kontakt zu Gott herstellen. Gott zu erkennen heißt, den Zweifel zu vertreiben und unabhängig zu werden von den Definitionen und

Beschreibungen anderer Menschen von Gott. Stattdessen haben Sie Ihre eigene persönliche Erkenntnis. Und wie Melville uns so treffend ins Gedächtnis rief: »Gottes eine und einzige Stimme ist Schweigen.«

### *Zu mehr Schweigen im Leben Zugang finden*

Fordern Sie unbedingt mehr Zeit zum Schweigen in Ihrem Leben. Eine der effektivsten Methoden, um das zu bewerkstelligen, ist die tägliche Meditation. Denken Sie daran: So etwas wie schlechte Meditation gibt es nicht. Nehmen Sie sich Zeit, in Ruhe für sich allein zu sitzen. Zunächst werden Ihre Gedanken umherschweifen und Sie davon zu überzeugen suchen, dass Meditation Zeitvergeudung ist, dass Sie sich auf die Beine machen und produktiv sein sollten und genügend anderes zu tun haben. Hunderte von weiteren zusammenhanglosen Gedanken werden in Ihrem Kopf auftauchen und wieder verschwinden.

Sie können dieses Gewitter mentaler Proteste jedoch durchstehen, indem Sie ruhig dasitzen und zum Beobachter des inneren Geschwätzes werden. Schließlich werden Sie imstande sein, in den Pausen zwischen Ihren

Gedanken zu verweilen, und feststellen, wie friedlich Sie sich darin gefühlt haben, wenn Sie wieder daraus hervortreten. Versuchen Sie es gleich jetzt. Benutzen Sie das Vaterunser. Konzentrieren Sie sich zunächst auf das Wort *Vater* und dann auf *unser*. Versuchen Sie, in die Pause zwischen den beiden Worten *Vater* und *unser* zu gelangen. Dann verfahren Sie genauso mit *der* und *du* und *bist* und *im Himmel*. Schlüpfen Sie einfach vorübergehend in die Pause, und stellen Sie fest, wie friedlich und wunderbar Sie sich in dieser Pause fühlen.

Ich lehre eine Morgenmeditation, bei der ich den Laut »ah« als Mantra verwende, um das Abschweifen der Gedanken während der Meditation zu verhindern. Dieser mantrische Laut ist in fast allen Namen des Göttlichen zu finden. Lauschen Sie ihm, beispielsweise in *Jahweh, Allah, Krishna, Jehova, Ra* und *Ptah*. Indem Sie diesen mantrischen Laut wiederholen, treten Sie in bewussten Kontakt zu Gott. Bei der Abendmeditation benutzen Sie das *Om*, mit dem Sie für all das danken, was sich in Ihrem Leben manifestiert hat. Morgens das *Ah* und abends das *Om* etwa 20 Minuten lang zu wiederholen eröffnet Ihnen die Chance, Erfolg und inneren Frieden in einer Weise zu erleben, die Sie vorher vielleicht nie kennen gelernt haben.

Es gibt viele Gelegenheiten, Zugang zur Stille zu finden. Ich versuche jedes Mal zu meditieren, wenn ich an einer roten Ampel halte. Wenn das Auto steht und mein Körper inaktiv ist, sind häufig die Gedanken in meinem Kopf das Einzige, was sich noch bewegt. Ich benutze diese Minute an der Ampel, um mein Denken in Harmonie mit meinem stillstehenden Auto und Körper zu bringen, und bekomme einen wunderbaren Bonus des Schweigens geschenkt. Ich halte etwa 30-mal am Tag an einer roten Ampel, was mir bis zu einer halben Stunde Schweigen einbringt. Und es gibt immer jemanden hinter mir, der mir mit Blinken oder Hupen das Zeichen gibt, dass meine Zeit der Stille vorüber ist.

### *Meditation beeinflusst nicht nur Sie, sondern hat eine Wirkung auf alle Menschen in Ihrer Umgebung*

Wenn Sie in Frieden mit sich selbst sind, geht von Ihnen eine andere Art von Energie aus, als wenn Sie gestresst oder deprimiert sind. Je friedlicher Sie werden, desto leichter können Sie die negativen Energien der Menschen, denen Sie begegnen, an sich abgleiten lassen. Es ist, als hätten Sie einen unsichtbaren Schutzschild um sich herum, den nichts durchdringen kann, es sei denn eine höhere spirituelle Energie als Ihr Schutzschild. Eine feindselige Strömung wird mit einem Lächeln und dem inneren Wissen quittiert, dass sie nichts mit Ihnen zu tun hat. Ein Mensch, der versucht, Sie in sein Elend mit hineinzuziehen, kann ohne Ihre Zustimmung keinen Erfolg haben. Ihre Meditationspraxis macht Sie immun.

Sie können nicht nur die Negativität der Menschen in Ihrer Umgebung an sich abgleiten lassen. Ihr Gefühl des Friedens wird auch andere in Harmonie mit Ihnen bringen. In Studien hat man den Spiegel des Serotonins (eines Neurotransmitters im Gehirn, der anzeigt, wie friedlich und harmonisch sich jemand fühlt) bei Versuchspersonen gemessen, die sich in der Nähe einer großen Gruppe von Meditierenden aufhielten. Erstaunlicherweise stieg der Serotoninspiegel der Probanden schon dadurch, dass sie sich im Energiefeld von Menschen aufhielten, die meditierten. Die Schlussfolgerungen sind beeindruckend: Je mehr Frieden Sie durch Meditation erlangen, desto mehr wirkt sich Ihr friedlicher Zustand auf Menschen in Ihrer Umgebung aus.

Ich stelle fest, dass das Meditieren nicht nur mich beruhigt, sondern auch einen wohltuenden Einfluss auf meine Familie und die Menschen in meiner Umgebung ausübt. Aber der hauptsächliche Nutzen besteht darin, dass ich es nach einer Meditation beinahe unmöglich finde, mich von irgendetwas verärgern oder negativ beeinflussen zu lassen. Die Meditation scheint mich mit einer Quelle von beruhigender Energie in Kontakt zu bringen, die mir das Gefühl gibt, tief mit Gott verbunden zu sein.

## *Einen bewussten Kontakt zu Gott herstellen*

Die meisten etablierten Religionen haben es sich zur Aufgabe gemacht, ihren Anhängern Gott zu erklären, darunter auch die Gebote, die er den Menschen angeblich gegeben hat. Aber Sie können Gott nicht durch die Erfahrung oder das Zeugnis anderer kennen lernen. Sie müssen es selbst tun. Sie sollten unbedingt meditieren, denn es wird Ihnen mehr Frieden bringen, den Stress nehmen, Ihre Umgebung verbessern und Negativität an Ihnen abgleiten lassen. All dies und mehr wird sich definitiv einstellen, wenn Sie regelmäßig meditieren. Die Stille suchen gehört zu meinen zehn wichtigsten Geheimnissen für Erfolg und inneren Frieden, besonders weil es das einzige Instrument ist, das ich kenne, um einen bewussten Kontakt zu Gott herzustellen.

Gott ist das Unteilbare. Es gibt nur eine einzige allgegenwärtige Präsenz, die Gott genannt wird. Diese Gegenwart ist überall und die Kraft, die das Leben erschafft und erhält. Sie kann niemals aufgeteilt oder zerstückelt werden. Es gibt nur eine Macht im Universum, nicht zwei. In unserer menschlichen Erfahrung scheint jedoch alles dual angelegt zu sein. *Oben* existiert, weil es ein Gegenteil in Form von *unten* gibt, *Licht*, weil es *Dunkelheit* gibt, *richtig*, weil es *falsch* gibt. Man hat noch nie eine *Vorderseite* ohne *Rückseite* gesehen, ein *Außen* ohne ein *Innen*, den *Nordpol* eines Magneten ohne einen *Südpol*. Unsere physische Welt ist eine Welt der Dichotomien und Gegensätze.

Das Schweigen hingegen ist die einzige Erfahrung, die Sie machen können, die unteilbar ist. Wenn Sie das Schweigen entzweiteilen, erhalten Sie als Einziges noch mehr Schweigen. Es gibt nur *ein* Schweigen. Daher ist Schweigen der einzige Weg, um das Einssein und die Unteilbarkeit Gottes zu erfahren. Aus diesem Grunde sollten Sie meditieren. Auf diese Weise *erkennen* Sie Gott, statt sich damit zufrieden zu geben, etwas *über* Gott zu *wissen*.

Sie werden Ihre Antworten in der Stille finden. Denken Sie daran: Aus der Leere und dem Nichts wird alles erschaffen. Wenn Sie einen Musikton aufschreiben, ist die Stille, aus der er kommt, genauso sehr Teil des Tons wie der Klang. Dasselbe gilt für das Heilen von allen Dingen oder Beziehungen. In die Stille zu gehen und zu lauschen wird Sie inspirieren. Ich kann mir nicht vorstellen, einen Vortrag zu halten oder zu schreiben, ohne mich vorher schweigend mit Gott zu verbinden. Ich suche eine Zeit und einen Ort für mich allein auf, um meiner Inspiration zu erlauben hervorzutreten.

Jedes Mal, wenn Sie in Ihrem Leben schlecht gelaunt sind, sollten Sie in die Natur gehen und Frieden finden. Wenn man aufgewühlte Teenager in die Natur schickt, sie für Tiere sorgen und mit der Natur Zwiesprache halten lässt, sind bei ihnen fast immer Frieden und Gelassenheit die Folge. Drogenabhängigkeit verschwindet, wenn junge Menschen die Aufgabe bekommen, einen Berg zu besteigen oder im Kanu einen See zu überqueren. Menschen, bei denen eine lebensbedrohliche Krankheit diagnostiziert wurde, stellen oft fest, dass Monate in einer Hütte in der Abgeschiedenheit der Natur, in denen sie meditieren und mit Gott Zwiesprache halten, genau die Therapie sind, die sie brauchen, und manchmal die Quelle von Spontanheilungen bilden.

Wenn Sie an Schlaflosigkeit leiden, laufen Sie zehn Minuten barfuß über den Rasen, bevor Sie zu Bett gehen. Die Natur hat eine wunderbare Art, viele Krankheiten zu heilen. Versuchen Sie, einen Tag in der Abgeschiedenheit zu verbringen und nur auf die Geräusche der Natur zu hören – auf die Vögel und Insekten, das Rauschen der Blätter und des Windes. Das sind die Geräusche der Heilung, die die Schmerz erzeugenden Geräusche von Sattelschleppern, Zementmischern, dröhnenden Lautsprechern und Ähnlichem ausgleichen können.

Schaffen Sie sich eine Möglichkeit, regelmäßig Zeit in der Abgeschiedenheit der Natur zu verbringen. Nehmen Sie sich jeden Monat oder jede Woche einen oder zwei Tage, um allein zu sein und Zwiesprache mit Gott zu halten. Das ist die beste Therapie, und sie ist weitaus billiger, als jemanden zu bezahlen, der Ihnen zuhört!

## *Behalten Sie Ihre stumme Zwiesprache mit Gott für sich*

Alles, was Sie im Leben manifestieren möchten, kommt aus dem Geist, aus dem Schweigen. Sie benutzen nicht Ihr Ego, um etwas zu manifestieren. Tatsächlich kann das Ego den schöpferischen Prozess hemmen. Deshalb sollten Sie Ihre privaten Einsichten nicht preisgeben, wenn Sie die Absicht haben, schöpferisch tätig zu werden. Wie schon der Apostel Paulus sagte: »Denn was sichtbar ist, das ist zeitlich; was aber unsichtbar ist, das ist ewig« (2 Kor., 4, 18).Wenn Sie über die Ideen, die sich Ihnen offenbaren, sprechen und anderen von Ihren Einsichten erzählen, verspüren Sie oft die Notwendigkeit, sie zu erläutern und zu verteidigen. Was geschieht, ist, dass das Ego dazwischengetreten ist. Sobald das Ego da ist, nimmt das Manifestieren ein Ende.

Das Manifestieren vollzieht sich in der Stille. Bewahren Sie also Ihre potenziellen Wunder in der wohl behüteten Stille, die Sie so oft wie möglich aufsuchen sollten. Sie können sich auf diese Stille verlassen und genussvoll in der Gelassenheit und dem inneren Frieden verweilen, die das Schweigen und die Meditation immer mit sich bringen.

# Gib deine persönliche Geschichte auf

*Florence Farr sagte einmal zu mir: »Wenn wir zu uns selbst aufrichtig sagen könnten: ›Dieser flüchtige Augenblick ist so gut wie jeder andere, den ich noch erleben werde‹, könnten wir auf der Stelle sterben und mit Gott vereinigt sein.«*

William Butler Yeats

*Hier ruht meine Vergangenheit.*
*Zum Abschied hab ich sie geküsst;*
*Danke, Kinder,*
*ich hätte sie nicht gern vermisst.*

Ogden Nash

Wenn ein Motorboot über die Wasseroberfläche rauscht, hinterlässt es eine weiße Gischt, das so genannte *Kielwasser*. Das Kielwasser ist nichts weiter als die Spur, die zurückbleibt. Auf die Frage: »Wovon wird das Boot angetrieben?« würden wir antworten, dass es von der Energie angetrieben wird, die der Motor erzeugt. Sie ist die Ursache dafür, dass das Boot über das Wasser fährt. Glauben Sie, das Kielwasser könne das Boot antreiben? Kann die Spur, die zurückbleibt, das Boot vorwärts bewegen? Das sind rhetorische Fragen mit offensichtlichen Antworten. Sicherlich stimmen Sie mir zu, dass das Kielwasser nur die Spur ist, die das Boot hinterlässt, und es nicht antreibt.

Ich möchte Ihnen nahe legen, diesen Gedanken auf Ihr Leben anzuwenden. Das Kielwasser Ihres Lebens ist nichts weiter als eine Spur, die Sie auf Ihrem Weg hinterlassen. So gesehen ist es gar nicht imstande, Sie vorwärts zu bewegen. Das Kielwasser ist in keiner logisch nachvollziehbaren Weise verantwortlich für das, was Sie heute erleben oder nicht erleben. Es ist einfach nur das

Kielwasser und sonst nichts – eine Spur, die Sie hinter sich gelassen haben. Aber haben Sie sie wirklich hinter sich gelassen?

### *Sich zum Opfer der eigenen Geschichte machen*

Seit über 25 Jahren arbeite ich mit Menschen und helfe ihnen, zu höheren Bewusstseinsebenen Zugang zu finden. Meiner Erfahrung nach verbringen die meisten Menschen ihr Leben in ihrem eigenen Kielwasser, indem sie an persönlichen Geschichten festhalten, um die selbstzerstörerischen Verhaltensweisen und den Mangel in ihrem Leben zu rechtfertigen. Sie tragen Schmerzen, schlechte Behandlung und Versäumnisse der Vergangenheit wie ein Schild vor sich her, das sie jedem, den sie kennen lernen, unter die Nase halten, um sogleich ihren »Ich-Armer«-Status zu verkünden: »Ich wurde als Kind im Stich gelassen«, »Ich bin Alkoholiker«, »Ich bin ein Inzest-Opfer«, »Meine Eltern haben sich scheiden lassen, und das habe ich nie verwunden«. Diese Liste könnte man Hunderte von Seiten weiterführen.

Die Vergangenheit ist vorbei! Indem Sie sich an Ihre Vergangenheit klammern, stellen Sie nicht nur sicher, dass Sie im Jetzt gelähmt sind, sondern verhindern auch die Heilung. Wenn Sie vergangene Schwierigkeiten dafür verantwortlich machen, dass Sie mit Ihrem Leben heute nicht zurechtkommen, tun Sie nichts anderes, als dem Kielwasser die Fähigkeit zuzusprechen, das Boot anzutreiben. Das Gleiche gilt auch im umgekehrten Fall. Viele Menschen geben die guten alten Zeiten, die für immer vorbei sind, als Grund dafür an, dass sie heute nicht glücklich und erfüllt sein können. »Alles hat sich verändert«, »Die Menschen achten sich gegenseitig nicht mehr so wie früher«, »Früher war eine Mark eine Mark wert, heutzutage ist alles so überteuert«, »Die Menschen sind nicht mehr so hilfsbereit wie in der Vergangenheit«, »Als wir Kinder waren, haben wir die Autoritätspersonen respektiert; heute treten Kinder ihre Eltern mit Füßen«. Auch auf diese Weise halten Sie sich im Kielwasser auf und schieben der Vergangenheit die Verantwortung dafür zu, dass Sie in der Gegenwart nicht erfolgreich und glücklich sein können.

## *Das Kielwasser verlassen*

Stellen Sie sich einen Stift vor, mit dem Sie nur ihre vergangene Geschichte aufschreiben können und der ansonsten nutzlos ist. In diesem Stift steckt ihre gesamte Vergangenheit. Wollen Sie ihn behalten? Wofür? Wollen Sie ihn weglegen? Vielleicht wird Omar Khayyams Gedicht Sie inspirieren:

*Die schreibende Hand gleitet über das Papier,*
*und wenn sie fertig ist, folgt schon die nächste Zeile.*
*Keine Frömmigkeit noch Klugheit dieser Welt kann sie bewegen,*
*rückwärts zu gehen und auch nur einen halben Satz zu löschen,*
*mit keinen Tränen dieser Welt lässt ein einziges Wort sich ändern.*

Sie können die ganze Nacht über die Geschichte in diesem Stift weinen – alles, was in ihm steckt, und alles, was Sie ausradieren oder wiederhaben möchten –, aber wie der Dichterphilosoph Sie erinnert, Ihre gesamten Tränen haben nicht die Macht, ein einziges Wort der Vergangenheit auszuradieren.

Sie möchten Ihre persönliche Geschichte loslassen, die dieser Stift symbolisiert, doch wie weit Sie sich auch von ihr entfernen, wenn Sie sich umschauen, ist sie da. Sie sind bereit, von Ihrer persönlichen Geschichte frei zu sein und mehr im Jetzt zu leben. Doch der Stift ist immer da, wenn Sie zurückschauen. Ich empfehle Ihnen, den Stift in die Hand zu nehmen und den Worten, Wunden und Schmerzen der Vergangenheit voller Mitgefühl zu erlauben, aufgeschrieben, angenommen, erforscht, verstanden, akzeptiert und geliebt zu werden um all dessentwillen, was Sie durch sie gelernt und erfahren haben. Der Akt, den Stift in die Hand zu nehmen und ihn zu akzeptieren, wird Ihnen die Kraft geben, die Vergangenheit in ein Lied, ein Gedicht, ein Bild oder Ritual zu verwandeln, wenn Ihnen innerlich danach ist, oder sie auf Ihre ganz eigene Weise wegzuwerfen.

## *Die eigene Geschichte annehmen*

In einem Universum, das ein intelligentes System ist und von einer göttlichen Schöpferkraft gelenkt wird, kann es keine Zufälle geben. So schwer es auch anzuerkennen sein mag, Sie mussten das, was Sie durchlebt haben, durchleben, um dorthin zu gelangen, wo Sie heute stehen, und der Beweis ist, dass Sie es durchlebt haben. Jedem spirituellen Fortschritt, den Sie in Ihrem Leben machen, geht mit hoher Wahrscheinlichkeit irgendein Stolpern oder ein scheinbares Unglück voraus. Die finsteren Zeiten, Unfälle, schwierigen Episoden, die Phasen von Verarmung, Krankheit, schlechter Behandlung und zerbrochenen Träumen hatten alle ihren Sinn. Sie haben stattgefunden, und daher können Sie davon ausgehen, dass sie stattfinden *mussten* und Sie sie nicht *ungeschehen* machen können.

Heißen Sie sie aus dieser Sicht willkommen, notfalls mit jemandem, der Ihnen hilft. Anschließend verstehen, akzeptieren und achten Sie sie, und danach schicken Sie sie auf die Ihnen gemäße Weise in Pension, oder verwandeln Sie sie. (Ich kenne jemanden, der ihnen eine neue Stellenbeschreibung gibt.) Werden Sie frei, in diesen Augenblick einzutauchen – das *Jetzt*, das man die *Gegenwart* nennt –, denn das ist es einfach, eine Gegenwart, deren Tür Sie öffnen und an der Sie sich erfreuen, die Sie hüten und mit der Sie spielen, die Sie genießen und erforschen können.

## *Das Einzige, was Ihnen je zur Verfügung steht, ist das Jetzt*

Vielen Menschen mangelt es an der Bereitwilligkeit und Fähigkeit, voll und ganz im Jetzt zu leben. Wenn Sie die Vorspeise essen, sollten Sie sich nicht um die Nachspeise sorgen. Wenn Sie ein Buch lesen, sollten Sie an nichts anderes denken. Wenn Sie Urlaub machen, seien Sie am Urlaubsort, statt zu überlegen, was Sie zu Hause hätten tun sollen oder was zu tun ist, wenn Sie wieder nach Hause kommen. Lassen Sie nicht zu, dass der flüchtige gegenwärtige Augenblick von Gedanken aufgezehrt wird, die nichts mit dem Hier und Jetzt zu tun haben.

Es liegt eine tragische Ironie in der Gewohnheit, in Gedanken an andere Orte und in andere Zeiten abzuschweifen. Sie können nur im Jetzt abschweifen, denn das Jetzt ist das Einzige, was Ihnen je zur Verfügung steht. Abschweifen ist also eine Art und Weise, Ihre gegenwärtigen Augenblicke aufzuzehren. Sie haben in der Tat eine Vergangenheit, aber nicht jetzt! Und Sie haben auch eine Zukunft, aber nicht jetzt! Sie können Ihr Jetzt mit Gedanken von »damals« und »demnächst« aufzehren, doch das wird Sie von dem inneren Frieden und Erfolg fern halten, den Sie erleben könnten.

Es erscheint fraglich, dass andere Geschöpfe ihre Gegenwart an Gedanken der Vergangenheit und Zukunft verschwenden. Ein Biber ist nur ein Biber, und zwar unmittelbar in diesem Augenblick. Er bringt seine Zeit nicht damit zu, sich zu wünschen, wieder jung zu sein, oder darüber nachzudenken, dass seine Bibergeschwister mehr Aufmerksamkeit bekamen oder sein Bibervater sich mit einer jungen Biberfrau aus dem Staub gemacht hat, als er klein war. Er ist immer im Jetzt. Wir können von Gottes Geschöpfen viel lernen, wenn es darum geht, den gegenwärtigen Augenblick zu genießen, statt ihn zu verschwenden, indem wir Schuldgefühle wegen der Vergangenheit hegen oder uns Sorgen um die Zukunft machen. Üben Sie sich darin, im Augenblick zu leben, und weigern Sie sich, sich von irgendwelchen Gedanken definieren zu lassen, die sich auf die Vergangenheit beziehen.

Halten Sie inne, und nehmen Sie alles in Ihrer unmittelbaren Umgebung zur Kenntnis – die Menschen, Geschöpfe, die Vegetation, die Wolkenformationen, das Aussehen der Häuser, alles. Bleiben Sie in der Gegenwart, indem Sie meditieren und dem letztlichen Jetzt näher kommen – Gott.

## *Gott ist nur jetzt da*

Machen Sie sich klar, dass Gott in einer Stunde nichts anderes tun wird als jetzt. Und Gott tut jetzt nichts anderes als vor tausend Jahren. In Wahrheit können Sie Gott nur kennen lernen, wenn Sie bereit sind, den Frieden des gegenwärtigen Augenblicks zu erleben.

Beim vierten Geheimnis habe ich dargelegt, dass Meditation eine Methode ist, in bewussten Kontakt zu Gott zu treten. Hier möchte ich Ihnen ein erhabenes Geheimnis weitergeben, das ich von einem meiner einflussreichsten Lehrer gelernt habe: *Sie werden Gott nur dann wahrhaft kennen lernen, wenn Sie in Ihrem Denken die Vergangenheit und Zukunft aufgeben und völlig mit dem Jetzt verschmelzen, denn Gott ist immer jetzt da.*

Wenige Menschen verstehen dieses Prinzip und leben danach, und der Grund dafür ist weitgehend in ihrer Konditionierung und mangelnden Bereitwilligkeit zu suchen, ihren Verstand im Erleben der Gegenwart zu schulen. Aber wenn Sie diese Bereitwilligkeit haben und ein Stück weiter gehen als die anderen, wird es zu Ihrer neuen Seinsweise. Sie werden inneren Frieden finden und Erfolg in Ihrem Leben anziehen, indem Sie in der

Gegenwart leben. Sie können den Anfang machen, indem Sie Ihre persönliche Geschichte aus dem Repertoire Ihrer üblichen Ausreden streichen, mit denen Sie begründen, warum Sie nicht im Frieden mit sich selbst sind.

## *Sich nicht länger auf die persönliche Geschichte verlassen*

Bemühen Sie sich, sich von allen Etiketten zu trennen, die Sie sich selbst angehängt haben. Etiketten dienen dazu, Sie zu verleugnen. Am Schluss müssen Sie dem Etikett Genüge tun, statt der grenzenlose Geist zu sein, der Ihre wahre Essenz ist. Sie sind weder Amerikaner, Italiener noch Afrikaner; Sie sind Mitglied einer einzigen Rasse, der Menschheit. Sie sind nicht Mann oder Frau, liberal oder konservativ; Sie sind eins mit dem wahren Einssein, Gott. Sie sind nicht athletisch, mathematisch, magisch oder literarisch begabt oder mit irgendeinem anderen Etikett zu erfassen. Sich von Etiketten zu trennen, besonders von solchen, die andere Ihnen in der Vergangenheit angehängt haben, gibt Ihnen die Chance, in jeder von Ihnen gewünschten Weise im Jetzt zu leben. Sie können in jedem gegenwärtigen Augenblick Ihres Lebens alle Dinge sein.

Ich empfehle Ihnen, sich einen Weg zu suchen, um Ihre persönliche Geschichte zu verwandeln, und sich dabei in Erinnerung zu rufen, dass Sie damit sämtliche Überzeugungen transformieren, die Sie als Etikett oder Indikator Ihrer Begrenzungen verwendet haben. Ersetzen Sie all das durch die Erkenntnis, dass Sie nicht sind, was Sie getan haben oder gewesen sind, noch was andere Ihnen beigebracht oder angetan haben. Sie sind ein Teil Gottes, immer mit Ihrer Quelle und daher mit der grenzenlosen Kraft Gottes verbunden.

In Ihrer physischen Wirklichkeit sind Ihre vergangene Geschichte und all Ihre Verletzungen nicht länger da. Erlauben Sie ihnen nicht, in Ihrem Denken anwesend zu sein, um Ihre gegenwärtigen Augenblicke zu trüben. Ihr Leben gleicht einem Theaterstück mit mehreren Akten. Einige der Figuren, die auftreten, haben nur eine kleine Rolle, andere eine weitaus größere. Einige sind Schurken und andere die Guten. Aber sie alle sind notwendig, sonst würden sie nicht im Stück auftreten. Nehmen Sie alle an, und gehen Sie zum nächsten Akt über.

## Das sechste Geheimnis

# Du kannst ein Problem nicht mit demselben Denken lösen, das es erzeugt hat

*Jeder Weg ist nur ein Weg,
und es ist keine Kränkung
für dich oder andere,
ihn fallen zu lassen,
wenn es das ist,
was dein Herz dir sagt.*

Carlos Castaneda

*Jeder Mensch kann Fehler
machen, aber nur ein
Dummkopf beharrt auf
seinem Fehler.*

Cicero

Auf jedes Problem gibt es eine spirituelle Antwort. Eine der faszinierendsten Stellen im *Kurs in Wundern* besagt, dass wir kein Problem haben, wir *denken* bloß, wir hätten eines. Am Anfang des Alten Testaments und der Torah heißt es: »Gott schuf Himmel und Erde« und später: »Und alles, was Gott schuf, war gut.« Wenn Sie diese Aussagen wörtlich nehmen, wird ganz deutlich, dass Probleme unmöglich sind. Wenn Gott alles schuf und alles, was Gott schuf, gut war, existiert das Böse nicht. »Aber«, so werden Sie einwenden, »Krankheit, Streit, Verzweiflung und Ähnliches existieren doch allem Anschein nach in Hülle und Fülle auf unserer Welt.«

Wenn wir uns von unserer heiligen Mitte getrennt fühlen, können wir leicht so sehr an die Trennung glauben, dass wir jedes unerfreuliche Phänomen zum Problem erklären. In der geistigen Welt oder in Gott existieren Probleme einfach nicht und sind nicht wirklich. Wenn Ihre spirituelle Verbindung schwach ist, entfernen Sie sich von der geistigen Welt, und aus Ihrem Glauben an die Trennung entstehen Probleme. Ihr Verstand bringt die Illusion der Getrenntheit hervor, und Ihr Körper wird unter dem Einfluss Ihrer Ego-Gedanken krank. Unsere Gesellschaft ist das Produkt unserer kollektiven Gedanken. Sie nimmt dieselbe Trennungskrankheit an, und auf diese Weise entsteht das, was wir »soziale Probleme« nennen. Alle so genannten Probleme stellen jedoch ein spirituelles Defizit dar, das man mit spirituellen Lösungen heilen kann. Betrachten Sie es so: Wenn Sie Ihr *Denken ändern,* werden Sie das Problem lösen. (Ich habe zu diesem Thema ein Buch geschrieben mit dem Titel *Spirituelle Antworten auf alle Probleme**.)

## *Wie man sein Denken ändert*

Können Sie die Vorstellung akzeptieren, dass es Ihr Glaube an die Trennung von Gott ist, der die Einstellung erzeugt, die Sie als Problem bezeichnen? Können Sie der Idee tiefer nachgehen, dass das, was Sie Probleme nennen, einfach nur Illusionen oder Fehler Ihres Denkens sind? Wenn Gott überall ist, gibt es keinen Ort, an

* Goldmann Arkana, München 2003

dem Gott nicht ist. Also ist Gott die ganze Zeit über bei Ihnen. Möglicherweise glauben Sie etwas anderes. Es ist dieses Denksystem, das Ihre so genannten Probleme schafft. Wenn Sie Wahrheit in diese Illusionen bringen können, werden sie sich auflösen – so wie Sie wissen, dass drei und drei sechs und nicht zehn ergibt. Indem Sie Wahrheit in diesen Rechenfehler bringen, löst er sich einfach auf.

Auf diese Weise werden sich auch alle Ihre Überzeugungen auflösen, die »Probleme« in Ihrem Geist schaffen, einfach indem Sie die höhere Energie der Wahrheit in sie hineinbringen. Der heilige Franz von Assisi bittet uns in seinem berühmten Gebet, unser Denken so zu ändern: »Wo Hass ist, lass mich Liebe säen.« Das Licht löst die Dunkelheit immer auf; die Liebe bereitet dem Hass immer ein Ende; der göttliche Geist beseitigt immer Probleme. Probleme sind Überzeugungen Ihres Ego-Denkens, das unfähig ist, sich Ihr spirituelles Selbst vorzustellen, so wie die Dunkelheit keine Vorstellung vom Licht hat.

Indem Sie Ihre Übereinkunft mit der Wirklichkeit neu schreiben, können Sie Ihr Denken ändern und jedes vermeintliche Problem wegschicken. Ändern Sie Ihre Einstellung sich selbst gegenüber, und seien Sie entschlossen, selbst in den furchtbarsten Umständen an Ihre Verbundenheit mit der höheren Energie Gottes zu glauben. Übergeben Sie alles, was problematisch erscheint, Ihrem höheren Selbst, und vertrauen Sie darauf, dass das »Problem« nicht das ist, was es zu sein scheint. Schreiben Sie Ihre Übereinkunft im Hinblick auf das, was Sie sind und erreichen können, neu.

Ihre Gedanken bilden die Quelle von so gut wie allem in Ihrem Leben. Jede Beziehung, in der Sie stecken, findet in Ihrem Kopf statt. Wenn Ihre Beziehung unbefriedigend ist, liegt es daran, dass Sie auf diese Weise von ihr denken. Der Mensch, mit dem Sie in einer Beziehung stehen, ist jetzt oder während Sie arbeiten oder im Bad sind, nicht bei Ihnen, aber Ihre Gedanken über ihn sind immer bei Ihnen. Sie können andere Menschen einzig und allein in Ihren Gedanken erfahren.

Sie können nicht in den Kopf anderer schlüpfen und die anderen *sein*. Sie können nur an Ihren Gedanken über andere arbeiten. Wenn Sie danach suchen, was an ihnen verkehrt ist, und dieses negative Bild in Ihrem Denken aufrechterhalten, dann existiert Ihre Beziehung genau dort. Wenn Sie Ihre Gedanken ändern und an das denken, was Sie mögen, statt an das, was Sie falsch nennen, haben Sie damit Ihre gesamte Beziehung verändert. Durch die Veränderung Ihres Denkens hat sie sich von einer unbefriedigenden in eine gute Beziehung verwandelt!

Versuchen Sie sich immer daran zu erinnern, dass jede Beziehung im Kopf stattfindet. Robert Frost ruft uns ins Gedächtnis: »Man liebt die Dinge, die man liebt, um dessentwillen, was sie sind.« Wenn Sie das vergessen und andere Menschen danach behandeln, wie sie Ihrer *Meinung* nach sein sollten, wie sie *einmal* waren oder wie sie im Vergleich zu *Ihnen* sind, haben Sie die Liebe weggeschickt und in Ihrem Denken die Beziehung getrübt. Wir erleben *alles* und *jeden* in unseren Gedanken. Verändern Sie Ihre Gedanken, und Sie verändern das, was Sie in Ihrem Kopf als Probleme herumtragen.

Die Welt ist, wie sie ist. Die Wirtschaft ist genau, wie sie sein sollte. Die Menschen, die sich in der Welt »schlecht« benehmen, tun, was sie tun sollen. Sie können es so verarbeiten, wie Sie möchten. Wenn all diese »Probleme« Sie mit Ärger erfüllen, sind sie ein weiterer Mensch, der zur Verschmutzung durch Ärger beiträgt.

Ihr Wunsch, etwas an den niedrigsten Energien zu ändern, wird Sie motivieren, liebevoller, einfühlsamer und friedlicher zu sein. Und damit können Sie vielleicht auch denjenigen, die am weitesten von Gott entfernt sind, helfen, zu ihrer Quelle zurückzukehren. Wenn Sie die neue Übereinkunft mit sich selbst treffen, immer mit dem göttlichen Geist verbunden zu bleiben, selbst da, wo es am schwierigsten erscheint, wird sich die Harmonie, für die Ihr Körper vorgesehen war, auch auf andere ausdehnen. Übergeben Sie »Krankheiten« Gott, und gönnen Sie Ihrem Körper regelmäßiges Training, gesunde Kost, viel frisches Wasser und Ruhe, damit er als Gefäß dienen kann, durch das der Geist fließt.

Ihre neue Übereinkunft mit der Wirklichkeit, bei der Sie Ihr physisches Selbst und Ihre Persönlichkeit mit Ihrem spirituellen Selbst eins werden lassen, das in Verbindung zu Gott steht, wird zur Folge haben, dass Sie eine höhere Energie von Liebe und Licht ausstrahlen. Auf Schritt und Tritt werden andere beginnen, das Leuchten Ihres Gottesbewusstseins zu erleben, und Disharmonie, Unordnung und alle Arten von Problemen werden in Ihrer Gegenwart einfach nicht gedeihen. Werden Sie zu »einem Werkzeug des Friedens«, wie es sich der heilige Franziskus im ersten Satz seines berühmten Gebetes wünscht. Erklimmen Sie die Leiter des menschlichen Bewusstseins von der niedrigsten bis zur höchsten Stufe. Werden Sie ein Mystiker, indem Sie einfach Ihr Denken ändern von einem Denken, das Probleme erzeugte und erlebte, zu einem Denken hin, das sie löst.

## *Die drei Ebenen des Bewusstseins*

In Ihrem gesamten Leben können Sie sich an den folgenden drei Ebenen des Bewusstseins messen. Die wenigsten Menschen, wenn überhaupt, verharren die ganze Zeit über auf einer Ebene. Hier diese drei Ebenen von der niedrigsten bis zur höchsten Stufe:

*Die erste Ebene ist das Egobewusstsein.* Auf der Stufe des Egobewusstseins sind Sie hauptsächlich mit Ihrer Persönlichkeit und Ihrem Körper beschäftigt. Sie sind außergewöhnlich stark davon überzeugt, dass Sie von allen Menschen, von dem, was Sie in Ihrem Leben anziehen möchten, und von Gott getrennt sind. Diese Haltung bringt Sie dazu, um Ihren Anteil zu konkurrieren, als wenn Ihre Aufgabe darin bestünde, als Erster ans Ziel zu kommen. Gewinnen und Nummer eins sein erscheinen Ihnen als das Allerwichtigste, wenn Sie auf der Ebene des Egobewusstseins leben. Sie verbringen einen Großteil Ihrer Zeit damit, Ihren Erfolg daran zu messen, wie Sie im Vergleich zu anderen dastehen.

Mehr als andere zu besitzen, mehr Geld zu haben, mehr Auszeichnungen und Prestige anzuhäufen und auf der Karriereleiter höher zu klettern, all das verschafft Ihnen gute Gefühle. Das Egobewusstsein drängt Sie dazu, zu konkurrieren, zu vergleichen und dafür zu sorgen, dass Sie der Beste sind. Also konzentrieren Sie sich darauf, schneller zu sein und besser auszusehen als andere. Es ist diese Bewusstseinsebene, auf der Probleme existieren. Hier ist innerer Friede so gut wie ausgeschlossen, und Sie haben keinen Erfolg, denn Sie müssen immer schon nach dem Nächsten streben.

Um über diese Ebene hinausgehen zu können, müssen Sie dieses ewig fordernde, unmöglich zu befriedigende Ego zähmen. Gefühle von Verzweiflung, Ärger, Hass, Bitterkeit, Stress und Depression stammen daher, dass das Ego ängstlich darauf beharrt, einem äußeren Standard Genüge zu tun. Das Resultat ist die Angst, nicht gut genug zu sein oder nicht richtig dazuzugehören. Das Ego wird Ihnen selten erlauben, sich auszuruhen, und fordert immer mehr, denn es hat Angst, dass Sie als Versager dastehen. Wenn Sie das Ego überwinden und Ihr höheres Selbst zur dominanten Kraft in Ihrem Leben machen, werden Sie beginnen, die Zufriedenheit und das innere Leuchten des Friedens und Erfolges zu spüren.

*Die zweite Ebene ist das Gruppenbewusstsein.* Das Gruppenbewusstsein ähnelt dem Egobewusstsein mit der Ausnahme, dass Sie nicht mehr sich selbst zum Mittelpunkt Ihres Lebens machen, sondern nun andere einschließen, die zu Ihrer Gruppe oder Ihrem Clan gehören. Sie unterdrücken Ihr individuelles Ego und schließen sich einer größeren Organisation, dem Gruppen-Ego, an. Die Mitgliedschaft gründet auf der Familie, der Tradition, dem ethnischen Hintergrund, der Religion, Sprache, politischen Überzeugung und dergleichen mehr. Sie müssen so denken und handeln wie die Gruppe, der Sie angehören. Im Namen des Patriotismus ziehen Sie in den Krieg, um andere zu töten, die dazu konditioniert wurden, dasselbe zu tun. Sie fühlen sich einer bestimmten ethnischen Gruppe zugehörig, die oft mit einem Etikett wie Italiener, Chinese oder Amerikaner versehen ist.

Auf der Ebene des Gruppenbewusstseins führen Menschen oft soziale Probleme wie Krieg, Brutalität und religiöse Verfolgung weiter, die ihren Ursprung in Jahrtausende alten Fehden ihrer Vorfahren haben. Doch die Auswirkungen des Gruppenbewusstseins zeigen sich auch im täglichen Leben. Familien bestehen darauf, dass man ihre Ansichten übernimmt, die Menschen hasst, die sie hassen, und diejenigen liebt, die sie lieben.

Ein Mensch hält vielleicht treu zu seiner Firma, die tödliche Kriegswaffen herstellt – eine Vorstellung, die diesem Menschen eigentlich widerstrebt. Dennoch tut er es, weil »es sein Beruf ist«. Manche Polizisten und Soldaten schikanieren ihre Mitmenschen schlimmer als die Kriminellen oder so genannten Feinde, die sie so verabscheuen. Unsere Unmenschlichkeit gegenüber unseren Mitmenschen wird oft auf der Grundlage eines Gruppenbewusstseins gerechtfertigt. Mitglieder von Banden oder Vereinigungen verhalten sich, angespornt von der Gruppen- oder Clanmentaliät, überaus grausam. Kurz, das Individuum bezieht seine Identität aus dem, was die Gruppe diktiert.

Denken Sie daran, dass Sie kein Problem mit demselben Denken lösen können, von dem es erzeugt wurde. Um einen Konflikt zu lösen, der aus dem Gruppenbewusstsein stammt, müssen Sie Ihr Denken ändern, sonst wird das Problem Sie weiterverfolgen. Die Lösung von Problemen, die mit dem Gruppenbewusstsein zu tun haben, beinhaltet, sich auf die höchste Ebene zu begeben.

*Die dritte Ebene ist das mystische Bewusstsein.* Diese Ebene des problemfreien Bewusstseins zeichnet sich durch das Gefühl der Verbundenheit statt der Getrenntheit aus. Auf der Stufe des mystischen Bewusstseins fühlen wir uns mit jedem Menschen, jedem Geschöpf, dem ganzen Planeten und Gott verbunden.

Sich verbunden fühlen heißt, wahrhaft zu spüren, dass wir alle eins sind und dass wir, wenn wir anderen schaden, in Wirklichkeit uns selbst schaden. Hier wird Konkurrenz durch Kooperation ersetzt, Hass durch Liebe aufgelöst und Traurigkeit mithilfe der Freude überwunden. Auf dieser Stufe sind Sie ein Mitglied der ganzen Menschheit, nicht einer kleinen Untergruppe. Hier sind Sie ein Weltbürger mit einem globalen Bewusstsein statt Patriot irgendeines Landes. Auf der Ebene des Einheits- oder Gottesbewusstseins fühlen Sie sich von niemandem und nichts getrennt, auch nicht von Gott. Sie sind nicht das, was Sie *haben, leisten* oder was andere von Ihnen *denken.* Sie sind göttlich und haben Ihr Denken verändert! Probleme sind jetzt nichts weiter als Illusionen des Verstandes, die Sie nicht länger mit sich herumtragen.

Der große Menschenfreund Mahatma Gandhi hat es so formuliert: »Der Mensch gewinnt genau in dem Maße an Bedeutung, wie er sich für das Wohlergehen seiner Mitmenschen einsetzt.« Das ist die Ebene des mystischen oder Gottesbewusstseins. Es ist ein Ort, an dem wir eine problemfreie Existenz führen können, indem wir unsere Gedanken vom Ego- und Gruppenbewusstsein lösen und sie der höheren Ebene der Mystik zuwenden. Hier verstehen wir wahrhaftig, was Thoreau meinte, als er sagte: »Es gibt kein Heilmittel für die Liebe, außer mehr zu lieben.«

Das siebte Geheimnis

# Es gibt keinen gerechtfertigten Groll

*Dein Lebensglück hängt von der Beschaffenheit deiner Gedanken ab … Sorge dafür, dass du keine Vorstellungen hegst, die nicht zu Vernunft und Tugend passen.*

Marc Aurel

*Gott befiehlt nicht,*
*dass wir große Dinge tun,*
*nur kleine Dinge mit großer*
*Liebe.*

Mutter Teresa

Man hört die Leute oft sagen: »Ich habe ein Recht darauf, mich über die Art, wie ich behandelt werde, aufzuregen. Ich habe ein Recht darauf, wütend, verletzt, deprimiert, traurig oder voller Groll zu sein.« Zu lernen, ein solches Denken zu überwinden, ist eines meiner zehn wichtigsten Geheimnisse, um ein Leben von innerem Frieden, Erfolg und Glück zu führen. Jedes Mal, wenn Sie von Groll erfüllt sind, überlassen Sie anderen die Kontrolle über Ihren Gefühlshaushalt und lassen sich von ihnen manipulieren.

Mir wurde vor vielen Jahren die Tragweite dieser Lektion bewusst, als ich beim Treffen einer Reha-Gruppe für Alkohol- und Drogenabhänge dabei war, die aus zwölf Teilnehmern bestand. Alle zwölf waren daran gewöhnt, anderen die Schuld für ihre Schwächen zuzuschieben, und benutzten so gut wie jede Ausrede als Grund dafür, warum sie zu ihren selbstzerstörerischen Verhaltensweisen zurückkehrten. Im Raum hing ein Plakat, auf dem die Worte standen: »In dieser Gruppe gibt es keinen gerechtfertigten Groll.«

Ganz gleich, was ein Gruppenmitglied zu einem anderen sagte, ganz gleich, wie aggressiv oder gemein die Anschuldigungen waren, alle Teilnehmer wurden daran erinnert, dass es keinen gerechtfertigten Groll gibt. Vielleicht müssen Sie sich zunächst anschauen, gegen wen Sie Groll hegen, bevor Sie eine Entscheidung im Hinblick darauf treffen können, ob dies ein nützlicher Grundsatz für Sie ist. Groll liefert Ihnen nicht nur die Entschuldigung, zu Ihrem alten Verhalten zurückzukehren. Er hat Sie überhaupt erst dorthin gebracht!

### *Warum Groll da ist*

Sie kennen wahrscheinlich die populäre Fernsehsendung *Wer wird Millionär?* Wenn der Kandidat oder die Kandidatin 15 Fragen richtig beantwortet, gewinnt er oder sie eine Million. Derjenige, der auf dem »heißen Stuhl« sitzt, beginnt mit einer 50-Euro-Frage und muss fünf Fragen beantworten, bis er die 500-Euro-Ebene erreicht. Nun hat der Kandidat einen ersten Geldgewinn sicher. Danach werden die Fragen kniffliger. Wenn der Kandidat die 16 000-Euro-Frage richtig beantwortet, ist garantiert, dass er diese Summe im Fall des Ausscheidens ausgezahlt bekommt. Er muss also zwei entscheidende Hürden nehmen: die 500-Euro-Hürde, für die man fünf relativ einfache Fragen beantworten muss, und die 16 000-Euro-Hürde, die fünf Fragen mit zunehmendem Schwierigkeitsgrad beinhaltet.

Ich habe das Konzept dieser Fernsehsendung so ausführlich dargestellt, um das Bild der beiden Hürden zu verdeutlichen, die man überwinden muss, um eine Chance auf die höchste »1-Million-Euro«-Ebene des Bewusstseins zu haben. Die 500-Euro-Hürde ist die Hürde, bei der wir lernen, die Schuldzuweisung in unserem Leben hinter uns zu lassen. Wenn uns das nicht gelingt, scheiden wir aus, ohne etwas zu gewinnen.

Die Schuldzuweisung beenden heißt, niemals jemandem die Verantwortung für das zuzuschieben, was Sie empfinden. Es bedeutet, dass Sie bereit sind zu sagen: »Ich verstehe vielleicht nicht, *warum* ich mich so fühle, warum ich diese Krankheit habe, warum ich zum Opfer wurde oder diesen Unfall hatte, aber ich bin bereit, ohne jedes Schuld- oder Grollgefühl zu sagen, dass all das meins ist. Ich lebe damit und bin verantwortlich dafür, dass es in meinem Leben ist.« Warum sollten Sie so verfahren? Wenn Sie die Verantwortung dafür übernehmen, dass es Ihnen gehört, haben Sie zumindest die

Chance, auch die Verantwortung dafür zu übernehmen, es zu beseitigen oder daraus zu lernen.

Wenn Sie auf irgendeine (vielleicht unerkannte) Weise für Ihre Migräne oder Niedergeschlagenheit verantwortlich sind, können Sie daran gehen, sie zu beseitigen oder zu entdecken, welche Botschaft für Sie darin steckt. Halten Sie dagegen jemand anderen oder etwas anderes für verantwortlich, müssen Sie natürlich darauf warten, dass *die anderen* sich ändern, damit es *Ihnen* besser geht. Und es ist unwahrscheinlich, dass das geschieht. Bei der 500-Euro-Hürde müssen Sie also die Schuldzuweisung loslassen. Sonst gehen Sie ohne Gewinn nach Hause und können nicht an den nächsthöheren Runden teilnehmen. Sie müssen bereit sein, sich bei der zweiten kritischen Hürde, der 16 000-Euro-Frage, einem weiteren Test zu unterziehen. Das ist die letzte Hürde, die Sie nehmen müssen, um das erhabenere Reich der Selbstverwirklichung und des höheren Bewusstseins zu betreten, die spirituelle 1-Million-Euro-Ebene. Auf dieser Stufe müssen Sie bereit sein, auf alles, was Ihnen begegnet, mit den höheren, schnelleren Energien von Liebe, Frieden, Freude, Vergebung und Güte zu reagieren. Das ist der Beginn des schwierigen Wegabschnitts, auf dem Sie lernen, nur Liebe zu geben.

Jemand sagt etwas zu Ihnen, was Sie beleidigend finden, und statt sich für den Groll zu entscheiden, sind Sie dann imstande, das, was Sie gerade gehört haben, nicht persönlich zu nehmen und mit Güte zu reagieren. Sie möchten lieber gütig sein als Recht haben. Sie haben kein Bedürfnis, andere ins Unrecht zu setzen oder Vergeltung zu üben, wenn Ihnen Unrecht geschehen ist. Sie tun es für sich. Es gibt ein chinesisches Sprichwort: »Wenn du vorhast, Rache zu üben, solltest du besser *zwei* Gräber schaufeln.« Unser Groll zerstört uns. Er stellt eine Form von niedriger Energie dar. Auf dem letzten Wegabschnitt werden Sie nur solchen Menschen begegnen, die das voll und ganz verstanden haben. Diejenigen, die nicht so weit gekommen sind, sind alle wieder beim Gros der Menschen gelandet, die schon lange vorher bei einer leichteren Quizfrage ausgeschieden sind, und die meisten halten sich immer noch dort auf und wundern sich, warum sie immer ohne Gewinn nach Hause gehen. Ich kann Ihnen versichern, dass sie fortfahren werden, anderen Menschen an ihrem eigenen Misserfolg die Schuld zu geben.

Zunächst müssen Sie die Schuldzuweisung überwinden. Dann müssen Sie lernen, allen Menschen Liebe statt Ärger und Groll zu schicken. Es gibt die Geschichte von dem erleuchteten Meister, der auf Kritik, Urteil und Spott immer mit Liebe, Güte und Frieden antwortete. Einer seiner Anhänger fragte ihn, wie er angesichts dieser abschätzigen Reaktionen und Schmähungen so gütig und friedvoll bleiben könne. Er antwortete seinem Schüler mit folgender Gegenfrage: »Wenn jemand dir ein Geschenk macht, und du nimmst es nicht an, wem gehört es dann?« Die Antwort führt uns zum letzten Wegabschnitt. Fragen Sie sich selbst: »Warum sollte ich zulassen, dass etwas, was jemand anderem gehört, eine Quelle meines Grolls ist?« Wie es im Titel eines Buches von Terry Cole Whittaker heißt: »Was du von mir denkst, geht mich nichts an.«

### *Nicht mehr nach Gelegenheiten suchen, aufgebracht zu sein*

Wenn Sie auf oder unterhalb der gewöhnlichen Bewusstseinsebene leben, bringen Sie viel Zeit und Energie damit zu, Gelegenheiten zu finden, aufgebracht zu sein. Eine Meldung in den Nachrichten, eine Konjunkturflaute, ein rüder Fremder, eine Modelaune, ein Fluch, ein Niesen, eine dunkle Wolke, überhaupt eine Wolke oder keine Wolke – so gut wie alles eignet sich, wenn Sie nach einer Gelegenheit suchen, sich aufzuregen. Auf dem letzten Wegabschnitt werden Sie niemals jemanden finden, der sich mit solchen Absurditäten aufhält.

Werden Sie zu einem Menschen, der sich weigert, sich von irgendjemandem, irgendeiner Sache oder irgendwelchen Umständen aufbringen zu lassen. Wenn etwas geschieht, das Sie missbilligen, sollten Sie Ihrem Herzen selbstverständlich Luft machen, so weit wie möglich an der Beseitigung der Sache arbeiten und sie dann loslassen. Die meisten Menschen agieren vom Ego aus und müssen vor allem Recht haben. Wenn Sie also jemanden treffen, der etwas sagt, was Sie unangemessen finden, oder wenn Sie wissen, dass ein anderer falsch, ja sogar völlig daneben liegt, sollten Sie Ihr Bedürfnis vergessen, Recht zu haben, und stattdessen sagen: »Du hast Recht!« Diese Worte beenden den potenziellen Konflikt und machen Sie davon frei, aufgebracht zu sein. Ihr Wunsch ist es, friedlich zu sein – nicht Recht zu haben, verletzt und wütend zu sein oder zu grollen. Wenn Sie Ihren eigenen Überzeugungen genügend vertrauen, werden Sie feststellen, dass die Überzeugungen und Verhaltensweisen anderer Sie unmöglich aufbringen können.

Nicht aufgebracht sein besagt: »Ich habe Kontrolle über meine Gefühle und treffe die Entscheidung, mich friedlich zu fühlen, ganz gleich, was sich vor meinen Augen tut.« Wenn Sie aufgebracht sind, urteilen Sie. Sie beurteilen jemand anderen als dumm, unsensibel, gemein, arrogant, rücksichtslos oder töricht, und dann regt Sie dessen Verhalten auf und verletzt Sie. Was Sie vielleicht nicht erkennen, ist, dass Sie, wenn Sie einen anderen beurteilen, damit nicht den anderen definieren. Sie definieren sich selbst als jemanden, der andere beurteilen muss.

So wie niemand Sie durch seine Urteile definieren kann, so haben auch Sie nicht das Privileg, andere zu definieren. Wenn Sie aufhören zu urteilen und zum reinen Beobachter werden, werden Sie den inneren Frieden kennen lernen, über den ich hier schreibe. Mit diesem Gefühl von innerem Frieden erleben Sie sich selbst als frei von der negativen Energie des Grolls und sind imstande, ein erfülltes Leben zu führen. Ein weiterer Pluspunkt ist, dass Sie feststellen werden, wie andere sich viel mehr zu Ihnen hingezogen fühlen. Ein friedlicher Mensch zieht friedliche Energie an. Sie werden Gott nicht kennen, solange Sie keinen Frieden haben, denn Gott *ist* Frieden.

Der Groll verbannt Gott buchstäblich aus Ihrem Leben, solange Sie damit beschäftigt sind, aufgebracht zu sein. Nicht aufgebracht sein bedeutet, alle Variationen des folgenden Satzes aus dem Repertoire der Ihnen zur Verfügung stehenden Gedanken zu streichen: »Wenn du nur mehr wie ich wärst, dann müsste ich mich jetzt nicht aufregen.« Sie sind, wie Sie sind, und dasselbe gilt für die Menschen in Ihrer Umgebung. Höchstwahrscheinlich werden die anderen nie so sein wie Sie. Sie sollten also aufhören zu erwarten, dass diejenigen, die anders sind, Ihren Vorstellungen entsprechen. Das wird niemals der Fall sein.

Ihr Ego fordert, dass die Welt und alle Menschen hier Ihren Wünschen entsprechen sollten. Ihr höheres heiliges Selbst weigert sich, anders als friedlich zu sein, und sieht die Welt, wie sie ist, nicht wie Ihr Ego sie haben will. Wenn Sie mit Hass auf den Hass reagieren, der Ihnen entgegengebracht wird, werden Sie zu einem Teil des Problems – das Hass heißt – statt zu einem Teil der Lösung, die Liebe ist. Liebe kennt keinen Groll und schenkt bereitwillig Vergebung. Liebe und Vergebung werden Sie inspirieren, an dem zu arbeiten, wo*für* Sie sind, statt an dem, wogegen Sie sind. Wenn Sie gegen Gewalt und Hass sind, werden Sie diese mit Ihrer eigenen Version der Gewalt und des Hasses bekämpfen. Wenn Sie *für* Liebe und Frieden sind, werden Sie diese Energien in die Gegenwart der Gewalt bringen und schließlich den Hass auflösen.

Als Mutter Teresa einmal gebeten wurde, an einer Demonstration gegen den Vietnamkrieg teilzunehmen, antwortete sie: »Nein, das tue ich nicht. Aber wenn Sie einen Friedensmarsch veranstalten, werde ich kommen.«

## *Ein letztes Wort zu Vergebung und Groll*

Fast allen spirituellen Wegen liegt der Gedanke der Vergebung zugrunde. Es war Vergebung, die Jesus von Nazareth übte, als er am Kreuz von einem römischen Soldaten gefoltert wurde, der ihm seine Lanze in die Seite stieß. Vergebung ist vielleicht das größte Heilmittel überhaupt, um die niedrigen Energien von Groll und Rache vollständig aus Ihrem Leben zu beseitigen.

Denken Sie an alle Menschen, von denen Sie je geschädigt, belogen und betrogen worden sind oder die unfreundliche Dinge über Sie gesagt haben. Wie Sie diese Menschen erleben, beruht nur auf den Gedanken, die Sie mit sich herumtragen. Diese Groll-, Wut- und Hassgedanken stellen langsame, schwächende Energien dar, die Ihnen die Kraft rauben. Wenn Sie sie loslassen könnten, würden Sie mehr Frieden erfahren.

Es gibt zwei Gründe, sich in Vergebung zu üben. Der eine ist, anderen zu zeigen, dass Sie nicht länger im Zustand der Feindseligkeit mit ihnen leben wollen. Der zweite Grund ist, sich selbst von der destruktiven Energie des Grolls zu befreien. Groll ist wie ein Gift, das fortwährend in uns kreist und seinen tödlichen Schaden anrichtet, lange nachdem der Schlangenbiss stattgefunden hat. Es ist nicht der Biss, der uns tötet, sondern das Gift. Sie können das Gift loswerden, wenn Sie die Entscheidung treffen, den Groll loszulassen. Schicken Sie denen, die Ihnen Ihrem Empfinden nach Unrecht getan haben, in irgendeiner Form Liebe, und Sie werden feststellen, um wie viel besser es Ihnen geht und wie viel mehr Frieden Sie haben. Es war ein Akt tiefer Vergebung meinem Vater gegenüber, den ich niemals sah noch sprach, der meinem Leben eine neue Wendung gab, mich von einem gewöhnlichen auf ein höheres Bewusstsein hob und mir Leistungen und Erfolge jenseits all dessen bescherte, was ich mir je auszumalen gewagt hätte.

Es gibt tatsächlich keinen gerechtfertigten Groll, wenn Sie den Wunsch haben, das letzte Stück Weg zu gehen und bei jedem Schritt inneren Frieden und Erfolg zu genießen.

## Das achte Geheimnis

# Behandle dich so, als wärst du bereits, was du sein möchtest

*Es ist wichtig für das Glück des Menschen, dass er sich selber geistig treu bleibt.*

Thomas Paine

*Sage dir erst,*
*was du sein willst,*
*und dann tue,*
*was du tun musst.*

Epiktet

Welche Vision Sie auch für sich haben, ich möchte Sie – ganz gleich, wie erhaben oder unmöglich diese Vision Ihnen jetzt erscheint – ermutigen, von jetzt an so zu handeln, als ob das, was Sie erreichen möchten, bereits da wäre. Das ist eine wunderbare Methode, um die Kräfte in Gang zu setzen, die Sie dabei unterstützen werden, Ihre Träume Wirklichkeit werden zu lassen. Wenn Sie die schlummernden schöpferischen Kräfte in Ihrem Leben wecken wollen, müssen Sie sich der unsichtbaren Welt zuwenden, der Welt jenseits Ihrer Form. Hier wird das geschaffen, was für Sie in Ihrer Welt der Form noch nicht existiert. Sie könnten es sich so vorstellen: In der Form werden Sie *in-form*iert. Wenn Sie sich dem göttlichen Geist zuwenden, werden Sie *in-spir*iert. Es ist die Welt der Inspiration, in der Sie lernen, zu allem Zugang zu bekommen, was Sie in Ihrem Leben erreichen möchten.

*Was es heißt, Inspiration zu erlangen*

Einer der wichtigsten Ratschläge, der mir je begegnet ist, stammt von einem Lehrer, der vor 2000 Jahren lebte und Patanjali hieß. Er lehrte seine Schüler, Inspiration zu erlangen. Sie erinnern sich vielleicht daran, dass das Wort *inspirieren* seinen Ursprung in den Worten »*in*« und »*spirare*« hat. Patanjali sagte, Inspiration beinhalte ein Denken, das alle Begrenzungen überschreitet, Gedanken, die alle Fesseln abstreifen, und ein Bewusstsein, das sich in alle Richtungen ausdehnt. Auf folgende Weise können Sie Inspiration erlangen:

Denken Sie an das, was Sie gern werden möchten – Künstler, Musiker, Programmierer, Zahnarzt oder was auch immer. Stellen Sie sich in Gedanken vor, dass Sie die Fähigkeit dazu besitzen. Sie haben keinerlei Zweifel daran, sondern wissen, dass es so ist. Dann beginnen Sie so zu handeln, als wenn das Gewünschte bereits Ihre Wirklichkeit wäre. Als Künstler erlaubt Ihnen Ihre Vision, zu zeichnen, Kunstmuseen zu besuchen, mit berühmten Künstlern zu sprechen und in die Welt der Kunst einzutauchen. Mit andern Worten: Sie beginnen in allen Aspekten Ihres Lebens wie ein Künstler *zu handeln*. Auf diese Weise greifen Sie sich selbst vor und nehmen Ihr eigenes Geschick in die Hand, während Sie gleichzeitig die Inspiration kultivieren.

Je mehr Sie sich als das sehen, was Sie werden möchten, desto inspirierter sind Sie. Die schlummernden Kräfte, die Patanjali beschrieb, werden wach, und Sie entdecken, dass Sie viel mehr können, als Sie es sich je haben träumen lassen. Stellen Sie sich das vor – schlummernde Kräfte, die tot oder nicht existent schienen, werden lebendig und unterstützen Sie, wenn Sie Inspiration erlangen und so handeln, als ob das, was Sie sich wünschen, bereits da wäre!

Indem Sie den Mut haben, sich als bereits dort zu erklären, wo Sie hinkommen wollen, werden Sie sich fast dazu zwingen, auf eine neue, aufregende und spirituelle Weise zu handeln. Sie können dieses Prinzip auch auf andere Bereiche als den Beruf anwenden. Wenn Sie ein Leben des Mangels führen und all die schönen Dinge, die viele Menschen besitzen, Ihnen entgehen, ist es vielleicht an der Zeit, Ihr Denken zu ändern und so zu handeln, als wäre das, was Sie sich wünschen, bereits da.

Visualisieren Sie das schöne Auto, das Ihr Traumwagen ist, und heften Sie ein Foto davon auf Ihre Schlafzimmertür und Ihren Kühlschrank. Kleben Sie bei dieser Gelegenheit auch gleich eins auf die Stoßstange des

Wagens, den Sie zurzeit fahren! Gehen Sie zum Autohändler, setzen Sie sich in Ihr Traumauto, und saugen Sie den wunderbaren Geruch eines neuen Autos ein. Streichen Sie mit den Händen über die Sitze, fassen Sie das Steuer an, gehen Sie um Ihr Auto herum, und bewundern Sie seine Formen. Machen Sie eine Probefahrt, und visualisieren Sie, dass Sie einen Anspruch darauf haben, diesen Wagen zu fahren, dass seine Schönheit Sie inspiriert und dass er einen Weg finden wird, in Ihr Leben zu treten. Auf irgendeine Weise ist das Ihr Auto. Sprechen Sie mit anderen darüber, wie begeistert Sie von diesem Auto sind, und lesen Sie Artikel darüber. Laden Sie ein Bild davon auf Ihren Computerschirm, damit es Ihnen immer ins Auge fällt, wenn Sie sich in der Nähe des Computers aufhalten.

All dies erscheint Ihnen vielleicht lächerlich, aber wenn Sie genügend Inspiration erlangen und so handeln, als ob das, was Sie sich wünschen, bereits da wäre, aktivieren Sie die schlummernden Kräfte, die Ihnen helfen, es Wirklichkeit werden zu lassen.

## *Die Inspiration auf alles ausdehnen*

Mit sich selbst auf die oben beschriebene Weise umzugehen kann zu einer Lebensgewohnheit werden. Damit geht keine Täuschung, Arroganz oder Verletzung anderer einher. Es ist eine stillschweigende Übereinkunft zwischen Ihnen und Gott, in der Sie diskret in Einklang mit den Kräften des Universums arbeiten, damit aus Ihren Träumen Wirklichkeit wird. Das beinhaltet Ihrerseits die Erkenntnis, dass Erfolg und innerer Frieden Ihr Geburtsrecht sind, dass Sie ein Kind Gottes sind und als solches Anspruch auf ein Leben der Freude, der Liebe und des Glücks haben.

Handeln Sie in Ihrer Beziehung zu Ihren Partnern, Kollegen und Ihrer Familie so, als ob das, was Sie in diesen Beziehungen gern manifestieren würden, bereits da wäre. Wenn Sie sich ein Gefühl der Harmonie am Arbeitsplatz wünschen, halten Sie eine klare Vision und Erwartung dieser Harmonie aufrecht. Greifen Sie dem Arbeitstag vor, und sehen Sie, wie es für alle Beteiligten friedlich fünf Uhr wird, wenn es gerade erst acht Uhr morgens ist. Bei jeder Begegnung haben Sie die Fünf-Uhr-Vision vor Augen und handeln friedlich und harmonisch, um das, was Sie bereits als Ergebnis kennen, nicht zunichte zu machen. Überdies behandeln Sie auch alle anderen so, als würden sie schon das leben, was in ihnen angelegt ist.

Diese Art von Erwartungen haben zur Folge, dass Sie sagen: »Ich bin sicher, Sie werden heute Nachmittag alles fertig haben« statt »Sie sind immer mit allem zu spät dran, und ich wünschte, Sie würden vorankommen.« Wenn Sie Menschen auf diese Weise behandeln, erfüllen auch die anderen die Bestimmung, die in ihnen angelegt ist und an die Sie sie erinnern.

In der Familie, besonders bei Kindern, ist es sehr wichtig, immer den folgenden kleinen Gedanken im Kopf zu behalten: *Ertappe sie dabei, dass sie es richtig machen.* Sie sollten Ihre Kinder häufig daran erinnern, dass sie etwas können, dass sie die Fähigkeit haben, Verantwortung zu übernehmen, und über Talente und fantastische Anlagen verfügen. Behandeln Sie sie so, als ob sie bereits verantwortlich, klug, anziehend und achtbar wären. »Du bist großartig; ich bin sicher, dass dein Vorstellungsgespräch gut läuft.« »Du kannst etwas; ich weiß, dass du ein gutes Studium und Examen hinlegen wirst.« »Du bist immer mit Gott verbunden, und von Gott kommt keine Krankheit. Morgen um diese Zeit wird es dir schon viel besser gehen.«

Wenn Sie mit Ihren Kindern, Eltern, Geschwistern und entfernteren Verwandten so umgehen, als sei die Beziehung ausgezeichnet und werde es auch bleiben, und ihre großartigen Seiten statt ihrer Defizite herausstellen, werden Sie ihre großartigen Seiten zu sehen bekommen. Wenden Sie dieses Prinzip so oft wie möglich in der Beziehung zu dem Menschen an, der in Ihrem Leben eine wichtige Rolle spielt, wer es auch sein mag. Wenn die Dinge nicht gut laufen, fragen Sie sich: »Gehe ich mit dieser Beziehung so um, wie sie ist, oder so, wie ich sie gern haben möchte?« Wie möchten Sie sie gern haben? Friedlich? Harmonisch? Für beide Seiten befriedigend? Achtungsvoll? Liebevoll? Natürlich wollen Sie das. Deshalb sollten Sie sie vor der nächsten Begegnung so visualisieren. Richten Sie Ihre Erwartungen auf inneren Frieden und Erfolg.

Sie werden feststellen, dass Sie das hervorheben, was Sie am anderen mögen, anstelle dessen, was er falsch macht. Sie werden auch erleben, dass der andere auf Sie mit Liebe und Harmonie statt mit Verbitterung reagiert. Ihre Fähigkeit, der Zukunft vorzugreifen und das Ergebnis schon zu sehen, bevor es sich zeigt, wird Ihnen helfen, auf eine Art zu handeln, die dieses Ergebnis zur Folge hat.

Diese Lebensstrategie funktioniert in fast allen Bereichen. Bevor ich einen Vortrag halte, sehe ich das Publikum vor meinem geistigen Auge immer als liebevoll und unterstützend und stelle mir vor, dass ich eine gute Erfahrung mache. Bevor ich schreibe, visualisiere ich mich selbst als jemanden, der keine Schreibhemmung hat und die ganze Zeit über eine nicht versiegende Inspiration und spirituelle Führung erhält. Im *Kurs in Wundern* heißt es: »Wenn du wüsstest, wer neben dir geht, wäre Angst unmöglich.« Das ist die Essenz der Inspiration, der Übung, die Zukunft so zu sehen, wie Sie sie gern haben möchten – und dann danach zu handeln.

## *Synchronizität und Inspiration*

Es gibt keine Zufälle. Es heißt, dass alles, was zufällig zusammentrifft, auf unergründliche Weise zusammenpasst. Sie gehen in den Geist und werden inspiriert, wenn Sie die Kräfte des Universums aktivieren, Sie zu unterstützen. Da alles vom Geist gelenkt wird, werden die Intervalle zwischen Ihren Gedanken und der Materialisierung der Ergebnisse kürzer. Wenn Sie immer mehr von Ihrer Energie auf das richten, was Sie manifestieren wollen, beginnen Sie zu sehen, wie sich Ihre Absichten materialisieren.

Sie denken an eine bestimmte Person, und dieser Mensch taucht auf »unerklärliche Weise« auf. Sie brauchen ein Buch für Ihre Studien, das Sie nicht finden können, und es kommt plötzlich auf »unerklärliche Weise« auf Sie zu. Sie hätten gern Informationen über einen Urlaubsort, und schon liegen sie auf »unerklärliche Weise« im Briefkasten. Sehr bald werden Sie all diese so genannten unerklärlichen Ereignisse als Teil der Synchronizität des Universums betrachten, das Sie und Ihre hoch energetisierten Gedanken unterstützt.

Sie müssen sich klar darüber sein, dass Sie diese Dinge zustande bringen können, indem Sie Ihr Energiefeld immer mit Liebe auf das gerichtet halten, was Sie leidenschaftlich hervorbringen wollen. Das Gesetz der Anziehung tritt in Kraft, und Ihre Gedanken werden buchstäblich zu Anziehungskräften. Anfangs wird es Ihnen verblüffend und beinahe unglaubhaft erscheinen. Wenn Sie im Geist verharren und auf eine Art handeln, *als ob* das, was Sie sich wünschen, bereits da wäre, werden Sie es immer weniger rätselhaft finden. Durch Ihre Verbindung mit Gott, die immer vorhanden ist, sind Sie die göttliche Kraft, die diese Synchronizität jeden Tag in Ihren Alltag bringt. Sehr bald fällt Ihnen auf, dass das, worauf Sie Ihre Gedanken richten, stärker wird. Deshalb werden Sie sorgfältiger und bewusster auf das achten, womit Sie sich in Gedanken beschäftigen. Dieser Prozess, mit sich selbst nach dem »Als-ob«-Prinzip umzugehen, beginnt mit Ihren Gedanken, beeinflusst Ihren emotionalen Zustand und lässt Sie schließlich aktiv werden.

Gedanken, Gefühle und Handlungen werden immer positiv ausfallen, wenn Sie inspiriert bleiben und Ihrer Zukunft auf eine Art und Weise vorgreifen, die mit dem übereinstimmt, was Sie sich wünschen. Erklären Sie sich zum Genie oder zum Experten, erklären Sie, dass Sie in einer Umgebung der Fülle leben, und halten Sie an dieser Vision so leidenschaftlich fest, dass Sie nichts anderes tun können, als danach zu handeln. Damit werden Sie die Anziehungskraft aussenden, die Ihnen hilft, Ihre Handlungen auf der Grundlage der genannten Erklärungen zu manifestieren.

Mit derselben Absicht sollten Sie auch jeden Menschen behandeln, dem Sie begegnen. Feiern Sie die besten Eigenschaften in anderen. Behandeln Sie alle nach demselben »Als-ob«-Prinzip, und ich garantiere Ihnen, dass die anderen dementsprechend auf Ihre höchsten

Erwartungen reagieren werden. Es liegt ganz bei Ihnen. Sie werden immer Recht haben, ganz gleich, ob Sie glauben, dass es möglich oder unmöglich ist. Und Sie werden auf Schritt und Tritt die Manifestation der Gedanken sehen, die Sie für richtig halten.

Das neunte Geheimnis

# Schätze deine Göttlichkeit

*Es gibt nur zwei Arten, das Leben zu leben. Entweder leben wir so, als ob nichts ein Wunder wäre, oder so, als ob alles ein Wunder wäre.*

Albert Einstein

*Im Antlitz von Männern und Frauen sehe ich Gott.*

Walt Whitman

Sie sind eine grenzenlose Schöpfung Gottes. Sie können niemals von dem getrennt sein, was Sie erschaffen hat. Wenn Sie sich Gott als Ozean und sich selbst als Gefäß vorstellen, könnte es für Sie in Augenblicken des Zweifels, der Verwirrung oder Einsamkeit hilfreich sein, daran zu denken, dass Sie ein Gefäß Gottes sind. Sobald Sie Ihr Glas in den Ozean tauchen, haben Sie ein Glas voller Gott. Es ist nicht so groß und stark wie Gott, aber dennoch ist es Gott. Solange Sie fest daran glauben, werden Sie sich nicht von Gott getrennt fühlen.

Stellen Sie sich einen Wassertropfen aus dem Ozean der Fülle vor, der von seiner Quelle getrennt ist. Im getrennten Zustand verdunstet das kleine Tröpfchen schließlich und kehrt zu seiner Quelle zurück. Solange es im flüssigen Zustand und nicht mit seiner Quelle verbunden ist, verliert es die Macht der Quelle. Das ist die Essenz des Geheimnisses, Ihre Göttlichkeit immer zu schätzen.

Solange Sie in Ihrem Denken von Ihrer Quelle getrennt sind, verlieren Sie Ihre göttliche Kraft – die Kraft der Quelle. So wie der Wassertropfen werden auch Sie Ihre Form wechseln und schließlich zu Ihrer Quelle zurückkehren. Solange Sie sich nicht mit Gott verbunden fühlen, geht Ihnen die Kraft Ihrer Quelle verloren, die die unbegrenzte Kraft ist, zu erschaffen, Wunder zu wirken und die Freude zu verspüren, lebendig zu sein. Der Wassertropfen, der von seiner göttlichen Quelle getrennt ist, symbolisiert Ihr Ego.

*Was ist das Ego?*

Ihr Ego ist nichts weiter als eine Vorstellung, die Sie auf Schritt und Tritt bei sich haben. Dieser Vorstellung zufolge sind Sie die Gesamtsumme Ihrer Persönlichkeit und dessen, was Sie besitzen und tun. Das Ego beharrt darauf, dass Sie ein getrenntes Wesen sind, das aus dem Körper und der Persönlichkeit besteht, und behauptet, Sie seien mit jedem anderen Ego in Konkurrenz, um sich Ihr Stück von einem begrenzten und endlichen Kuchen abzuschneiden. Daher, so sagt das Ego, sollten Sie vor anderen auf der Hut sein, weil diese auch alles haben wollen, worauf sie meinen, Anspruch zu haben. Das Ego lässt Sie folglich glauben, dass es Feinde gibt, vor denen Sie sich unablässig in Acht nehmen müssen. Da Sie von anderen getrennt sind, müssen Sie die Zusammenarbeit mit ihnen ablehnen, aus Angst, betrogen zu werden. Das Ergebnis ist, dass Sie allen misstrauen müssen!

Das Ego behauptet auch, Sie seien von allem getrennt, woran es in Ihrem Leben fehlt, und so müssen Sie sehr viel Energie dafür aufwenden, dem, was Ihnen fehlt, hinterherzujagen. Da Sie Ihrem Ego zufolge aus dem Körper und der Persönlichkeit bestehen, sind Sie auch von Gott getrennt. Gott ist außerhalb von Ihnen und eine Macht, die es zu fürchten gilt, genau wie all die äußeren Kräfte, die versuchen, Sie zu kontrollieren. Also flehen Sie diese äußere Macht an, Ihnen spezielle Kräfte zu verleihen, um all die anderen Egos zu überwinden, die um jeden Preis versuchen, das an sich zu reißen, was rechtmäßig Ihnen gehört.

Das Ego hält Sie in einem Dauerzustand von Angst, Sorge und Stress. Es fleht Sie inständig an, besser als alle anderen Menschen in Ihrer Umgebung zu sein, und liegt Ihnen in den Ohren, sich mehr Mühe zu geben und Gott auf Ihre Seite zu ziehen. Kurz gesagt, es hält Ihre Trennung von Gott aufrecht und sorgt dafür, dass Sie vor Ihrer eigenen Göttlichkeit Angst haben.

## *Die eigene Göttlichkeit willkommen heißen*

*Es gibt keinen Ort, an dem Gott nicht ist.* Rufen Sie sich das jeden Tag ins Gedächtnis. Es heißt, Gott schlummere im Gestein, ruhe in den Pflanzen, bewege sich in den Tieren und denke in uns Menschen. Stellen Sie sich Gott als eine Gegenwart und nicht als Person vor – eine Gegenwart, die es dem Samen erlaubt, zu keimen, den

Gestirnen, ihre Bahnen am Himmel zu ziehen, den Gedanken, durch Ihren Verstand zu fließen; eine Gegenwart, die gleichermaßen für das Sprießen des Grases wie für das Wachsen Ihrer Fingernägel sorgt. Diese Gegenwart ist überall. Deshalb muss sie auch in Ihnen sein! Und wenn sie überall ist, muss sie in allem sein, was Ihnen Ihrem Empfinden nach im Leben fehlt. Auf unerklärliche Weise sind Sie bereits mit allem, was Sie in Ihrem Leben gern anziehen möchten, durch die Präsenz dieses universellen, allmächtigen Geistes, genannt Gott, verbunden.

Sie haben vielleicht schon einmal von dem großen indischen Heiligen Satya Sai Baba gehört, dem man die magischen Kräfte der augenblicklichen Manifestation nachsagt. In seiner Gegenwart werden die Kranken gesund, und er vermittelt allen, denen er begegnet, ein Gefühl von göttlicher Glückseligkeit und Frieden. Als er einmal von einem westlichen Journalisten gefragt wurde: »Sind Sie Gott?«, antwortete Satya Sai Baba ohne Zögern: »Ja, ich bin Gott«, was alle Anwesenden in tiefes Erstaunen versetzte. Nach einer kurzen Pause fuhr er fort: »Auch Sie sind Gott. Der einzige Unterschied zwischen uns besteht darin, dass ich es weiß und Sie es anzweifeln.«

Sie sind ein Teil Gottes. Sie sind eine göttliche Schöpfung – ein Lichtwesen, das hier genau im richtigen Augenblick als menschliches Wesen erschienen ist. Und ebenso wird Ihr Körper genau zum richtigen Zeitpunkt auch wieder verschwinden. Aber Sie sind nicht der Körper, den Sie sehen, noch sind Sie die Persönlichkeit in diesem Körper oder das, was der Körper besitzt oder leistet. Sie sind göttlich, ein Wunder, ein Teil der ewigen Vollkommenheit, der göttlichen Intelligenz, die alles und jeden auf diesem Planeten unterstützt. In einer Welt, in der die göttliche Intelligenz alles erschafft, kann es keine Zufälle geben. Jedes Mal, wenn Sie Angst, Selbstablehnung, Besorgnis, Schuld oder Hass empfinden, verleugnen Sie Ihre Göttlichkeit und begeben sich unter den Einfluss des heimtückischen Ego-Denkens, das Sie von Ihrer Getrenntheit von Gott überzeugt hat.

Vor vielen Jahren schrieb Uell S. Anderson ein inspirierendes Buch mit dem Titel »*Drei magische Worte*«. In dem Buch geht es um die Fähigkeit, Wunder zu tun und die Verheißung zu praktizieren, die Jesus Christus uns gegeben hat: »Der Geringste unter euch kann alles tun, was ich getan habe, und sogar noch größere Dinge.« Erst ganz am Ende des Buches erfährt der Leser, wie die drei magischen Worte lauten: *Du bist Gott.* Nicht Gott im Sinne von »über allen anderen stehend und besser als andere«, sondern in dem Sinne, dass wir ewig mit der Quelle verbunden sind, der immer gegenwärtigen Macht der Liebe, die uns niemals im Stich lässt und niemals versiegt. Sie können sich auf diese Quelle verlassen, wenn Sie daran denken, dass Sie allzeit daran teilhaben.

Das zehnte Geheimnis

# Vermeide alle Gedanken, die dich schwächen

*Glaube, dass das Leben lebenswert ist, und dein Glaube wird dir helfen, daraus eine Tatsache zu machen.*

William James

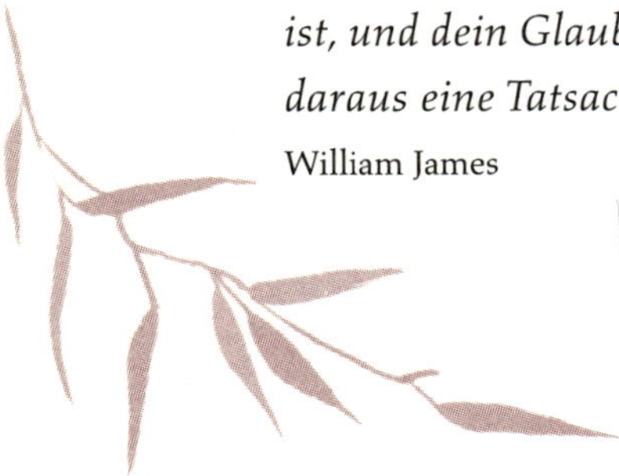

*An sich ist nichts weder gut noch böse, das Denken macht es erst dazu.*

William Shakespeare

Alle Gedanken, die wir haben, können im Hinblick darauf bewertet werden, ob sie uns stärken oder schwächen. Mithilfe eines einfachen Muskeltests können Sie jeden Gedanken überprüfen, den Sie gerade denken: Halten Sie Ihren Arm seitwärts gestreckt, und bitten Sie jemanden, ihn herunterzudrücken, während Sie Widerstand leisten. Stellen Sie sich anschließend vor, Sie würden eine Lüge erzählen, und Sie werden sehen, um wie viel schwächer Sie sind, als wenn Sie an die Wahrheit denken. Diesen Test kann man mit jedem Gedanken machen, der eine emotionale Reaktion hervorruft.

In seinem Buch *Die Ebenen des Bewusstseins** schreibt der Arzt David Hawkins über diese Methode und zeigt, wie jeder Gedanke dazu beiträgt, uns entweder zu schwächen oder zu stärken. Echte Weisheit ist die Fähigkeit, sich selbst kontinuierlich zu beobachten, um den eigenen jeweiligen Zustand von Schwäche oder Stärke zu erkennen und aus den schwächenden Gedan-

* VAK, Freiburg i. Br. 1997 (Orginaltitel: *Power versus Force*)

ken auszusteigen. So halten Sie einen zuversichtlichen, höheren Bewusstseinszustand aufrecht und hindern Ihre Gedanken daran, ein Organ Ihres Körpers zu schwächen. Wenn Sie Ihr Denken benutzen, um sich zu stärken, rufen Sie das an, was Ihr Wohlbefinden hebt.

Die Kraft (oder Stärke) drängt Sie dazu, nach Ihren höchsten Möglichkeiten zu leben und Leistungen zu erbringen, und sie ist mitfühlend. Die Macht (oder Gewalt) beinhaltet eine Bewegung, während die Kraft (oder Stärke) ein ruhendes Feld ist, das niemals gegen etwas vorgeht. Weil Macht in Bewegung ist, erzeugt sie immer eine Gegenmacht. Die Gegenmacht verbraucht ständig Energie und muss gefüttert werden. Statt mitfühlend zu sein, steht Macht mit Urteil, Konkurrenz und dem Kontrollieren anderer in Verbindung. Bei einem sportlichen Wettkampf beispielsweise sind wir in Gedanken damit beschäftigt, den Gegner zu überwältigen, besser als andere zu sein und um jeden Preis zu gewinnen. Die ganze Körpermuskulatur wird dabei geschwächt, denn Machtgedanken schwächen uns.

Wenn Sie bei einem sportlichen Wettkampf Ihre Gedanken hingegen darauf richten, Ihr Bestes zu geben, und die innere Stärke darauf verwenden, Ihre Energie so effizient wie möglich einzusetzen, während Sie große

Achtung vor den Ihnen von Gott gegebenen Fähigkeiten haben, wird Ihnen das tatsächlich große Kraft verleihen. Ein Machtgedanke fordert eine Gegenmacht und einen Kampf heraus, der schwächt, während ein Gedanke der Stärke Sie kräftigt, weil keine Gegenmacht auf den Plan gerufen wird, die Ihre Energie bindet. Gedanken der Stärke schenken Ihnen Energie, weil sie keine Forderungen an Sie stellen.

## *Schwächende Gedanken*

Wenn schon ein bloßer Gedanke Ihre Armmuskulatur schwächen oder stärken kann, was muss er dann bei allen übrigen Muskeln und Organen Ihres Körpers bewirken! Ihr Herz ist ein Organ, das besonders von schwächenden Gedanken betroffen wird. Auch Nieren, Leber, Lunge und Därme sind von Muskeln umgeben, die von Ihren Gedanken beeinflusst werden.

Der Gedanke, der die meisten Menschen am stärksten schwächt, ist *Scham*, und das hat Demütigung zur Folge. Ich kann gar nicht stark genug betonen, wie wichtig es ist, sich selbst zu vergeben. Wenn Sie Gedanken der Scham mit sich herumtragen wegen etwas, das Sie in der Vergangenheit getan haben, schwächen Sie sich selbst sowohl physisch als auch emotional. Das gilt auch, wenn Sie andere beschämen und demütigen, um *sie* zu einem anderen Verhalten zu bewegen. Damit erzeugen Sie einen geschwächten Menschen, der, solange wie diese beschämenden und demütigenden Gedanken nicht beseitigt sind, seine Kraft nicht wiederfinden wird. Unsere Schamgedanken zu beseitigen beinhaltet die Bereitwilligkeit, sie loszulassen, unser vergangenes Verhalten als Lektionen zu betrachten, die wir lernen mussten, und uns mithilfe des Gebets und der Meditation wieder unserer Quelle zuzuwenden.

Neben Scham werden Menschen am meisten von *Schuld-* und *Apathie*-Gedanken geschwächt. Sie erzeugen die Emotionen von Schuldzuweisung und Verzweiflung. In Schuld leben heißt, die Gegenwart aufzubrauchen und sich von dem lähmen zu lassen, was bereits stattgefunden hat. Mit keinem Maß an Schuld kann man die Vergangenheit je ungeschehen machen. Wenn Ihr vergangenes Verhalten zur Folge hat, dass Sie aus Ihren Fehlern lernen, ist keine Schuld da; Sie lernen einfach aus der Vergangenheit. Aber sich in der Gegenwart in so genannten Fehlern zu suhlen ist Schuld, und sie kann nur jetzt gespürt und losgelassen werden.

Wenn Sie Schuld loslassen, ist es, als würden Sie eine große Last von Ihren Schultern werfen. Schuld lassen Sie durch die stärkenden Gedanken der Liebe und Selbstachtung los. Sie stärken sich selbst durch Liebe und Achtung und indem Sie Ihren Perfektionsstandard aufgeben und sich weigern, die kostbare Währung Ihres Lebens, das Jetzt, für Gedanken zu verschleudern, die Sie nur weiter frustrieren und schwächen. Stattdessen können Sie sich geloben, besser zu sein, als Sie es waren, was der wahre Test eines edlen Charakters ist.

Gedanken der Apathie führen zur Verzweiflung. Das sind die Gedanken, die Sie davon abhalten, am Leben teilzunehmen. Apathie rührt von Selbstmitleid und dem Bedürfnis her, ständig unterhalten zu werden, um der Langeweile zu entgehen. Sie können niemals apathisch oder einsam sein, wenn Sie den Menschen, mit dem Sie allein sind, lieben. Jeder Augenblick eines jeden Tages schenkt Ihnen eine unbegrenzte Anzahl an Möglichkeiten, voll und ganz zu leben und mit dem Leben verbunden zu sein. Es muss nicht ständig das Fernsehen oder Radio laufen, damit Sie der Apathie aus dem Weg gehen können. Sie haben Ihr eigenes Fühlen und Denken, und das ist ein Reich von grenzenlosen Möglichkeiten.

Sie haben jeden Tag die Wahl, aufzuwachen und zu sagen: »Guten Morgen, Gott« oder »Lieber Gott, es ist Morgen!« Es ist immer eine Entscheidung. Jeder Augenblick, den Sie mit Gedanken der Langeweile und Apathie füllen, wird Sie tatsächlich physisch, emotional und spirituell schwächen. Für mich ist es eine Beleidigung gegenüber diesem großartigen Universum, das von 100 Millionen Wundern erfüllt ist, jemals Gedanken der Langeweile oder Apathie zu hegen.

Die nächsten herausragenden Gedanken, die darum wetteifern, Menschen zu schwächen, sind Angst und Wut. Beide dieser Gedankenkategorien bedienen sich der Macht, die eine Gegenmacht und dadurch einen inneren Zustand von Spannung und Schwäche erzeugt. Wenn Sie Angst haben, haben Sie sich von der Liebe entfernt. Denken Sie daran: »Vollkommene Liebe vertreibt die Angst.« Was Sie fürchten, dem grollen Sie, und am Schluss beginnen Sie es zu hassen. Auf diese Weise sind Hass und Angst in Ihnen am Werke und schwächen Sie ständig.

Jeder Gedanke, der Sie in einen Zustand der Angst versetzt, hält Sie von Ihrer Bestimmung ab und schwächt Sie gleichzeitig. Ihre Angstgedanken raten Ihnen, gelähmt zu bleiben. Wenn Sie sich in einem Zustand der Angst befinden, sollten Sie sofort innehalten und Gott einladen. Übergeben Sie die Angst Ihrem Seniorpartner mit folgenden Worten: »Ich weiß nicht, wie ich damit umgehen soll, aber ich weiß, dass ich mit dir, der wunderbaren Schöpferkraft in diesem Universum, verbunden bin. Ich räume mein Ego aus dem Weg und übergebe es dir.« Versuchen Sie es. Sie werden überrascht sein, wie schnell diese höhere Energie der Liebe Ihre Angstgedanken zunichte macht und auflöst und Sie gleichzeitig mit Kraft erfüllt.

Auch Ärger ist eine emotionale Reaktion auf Gedanken, die lauten: »Ich will nicht, dass die Welt so ist, wie sie ist; sie soll gefälligst meinen Vorstellungen entsprechen. Deshalb bin ich ärgerlich.« Ärger wird oft als normal gerechtfertigt, aber er schwächt uns immer. Der Grundsatz in diesem letzten Kapitel ruft uns in Erinnerung, dass Weisheit darin besteht, alle Gedanken zu vermeiden, die uns schwächen. Sie müssen nicht ärgerlich sein, um ein Unrecht in Ordnung zu bringen oder für eine bessere Welt zu sorgen. Wenn Sie friedlicher werden, haben Sie nur Frieden zu geben. Augenblicke der Frustration werden keinen Ärger in Ihnen auslösen, sie werden Ihnen helfen, bewusster zu werden, und dann werden sie Sie zu einer Lösung anspornen.

Mit jedem ärgerlichen Gedanken entfernen Sie sich von der Liebe und nähern sich der Gewalt und Rache – Kräften, die Gegenreaktionen erzeugen und alle Beteiligten schwächen. All diese Gedanken der Scham, Schuld, Apathie, Angst und Wut sind Energien, da alles im Universum aus Schwingungen besteht. Was Menschen schwächt, sind niedrige oder langsame Schwingungen, und sie können nur aufgelöst werden, indem Sie sie durch die höheren und schnelleren Energien des göttlichen Geistes ersetzen.

### *Stärkende Gedanken*

Wenn Sie an die Stelle eines Gedankens mit sehr niedriger Energie einen Gedanken von höherer Energie setzen, wechseln Sie von Schwäche zu Stärke. Kreisen Ihre Gedanken darum, anderen die Schuld zuzuweisen, werden Sie geschwächt. Gehen Sie jedoch dazu über, andere zu lieben und ihnen zu trauen, werden Sie stark. Ihre Gedanken sind von Energie begleitet; deshalb ist es besser, Gedanken zu denken, die Ihnen Kraft geben. Sobald Ihnen klar ist, dass das, was Sie denken, die Quelle dafür ist, wie Sie die Wirklichkeit erfahren, werden Sie dem, was Sie jeden Augenblick denken, mehr Beachtung schenken.

Vor vielen Jahren gab es in Amerika einen außerordentlich beliebten Hörkassettenkurs mit dem Titel »*Das seltsamste Geheimnis*«. Darin lehrte Earl Nightingale, dass wir Menschen zu dem werden, was wir tagsüber denken. Ihre Gedanken bestimmen, ob Sie eine Stärkung oder Schwächung erfahren – ob Sie glücklich oder traurig, erfolgreich oder nicht erfolgreich sind. Alles ist ein Gedanke, den Sie mit sich herumtragen. Glückliche Gedanken schaffen glückliche Moleküle. Ihre Gesundheit wird weitestgehend von den Gedanken bestimmt, die Sie hegen. Wenn Sie leidenschaftlich denken, dass Sie keine Erkältung bekommen, wird Ihr Körper auf Ihre Gedanken reagieren. Weigern Sie sich, Gedanken der Ermüdung, des Termindrucks oder der Kopfschmerzen zu denken, und Ihr Körper reagiert dementsprechend.

Ihr Denken weist Ihren Körper an, die chemischen Stoffe zu produzieren, die er braucht, um gesund zu bleiben. Wenn man jemandem Traubenzucker gibt und behauptet, es sei eine Tablette gegen Arthritis, reagiert der Körper auf das Placebo mit einer zunehmenden Ausschüttung von Stoffen gegen Arthritis. Das Denken ist ein mächtiges Instrument zur Erzeugung von Gesundheit. Es sorgt auch für hervorragende Beziehungen, Fülle, Harmonie in geschäftlichen Angelegenheiten – und sogar für Parkplätze! Wenn Sie Ihre Gedanken auf das konzentrieren, was in Ihr Leben treten soll, und Sie diesen Gedanken mit der Leidenschaftlichkeit einer felsenfesten Absicht aufrechterhalten, werden Sie schließlich im Sinne dieser Absicht handeln, denn jeder Handlung geht ein Gedanke voraus.

Die Gedanken, die uns am meisten stärken, sind Frieden, Freude, Liebe, Akzeptanz und Bereitwilligkeit. Diese Gedanken schaffen keine Gegenmacht. Starke, freudige, liebevolle Gedanken stammen von unserer Bereitwilligkeit, der Welt zu erlauben, so zu sein, wie sie ist. Dann leben Sie in einem Zustand innerer Glückseligkeit, in dem heitere Gelassenheit das Kämpfen ersetzt, Achtung gegenüber allem Leben die Gier und Angst verdrängt und Verständnis an die Stelle von Ärger tritt. Sie werden ein Optimist. Statt das Glas halb leer zu sehen, ist es immer halb voll.

All dies ist nichts weiter als eine bewusste Entscheidung Ihrerseits, die Verantwortung für Ihr Denken zu übernehmen. Seien Sie sich in jedem Augenblick Ihres Lebens bewusst, dass Sie immer eine Wahl hinsichtlich der Gedanken haben, die Sie in Ihren Verstand einlassen. Niemand sonst kann dort einen Gedanken hineinlegen. Unabhängig von den Umständen, in denen Sie sich befinden, *es ist Ihre Entscheidung*. Treffen Sie die Wahl, entkräftende und schwächende Gedanken durch Gedanken höherer spiritueller Schwingung zu ersetzen.

Reden Sie sich nicht ein, das sei nicht möglich oder leichter gesagt als getan. Sie haben Kontrolle über Ihr Denken. Sie sind der Schöpfer Ihrer Gedanken und wählen sie aus. Sie können sie nach Belieben ändern. Das ist das Ihnen von Gott gegebene Erbe, Ihr Freiheitsspielraum, den Ihnen niemand nehmen kann. Niemand kann ohne Ihre Zustimmung Kontrolle über Ihre Gedanken haben. Beschließen Sie, Gedanken zu vermeiden, die Sie schwächen, und Sie werden wahre Weisheit finden. *Es ist Ihre Entscheidung!*

# Über den Autor

Dr. Wayne W. Dyer wurde 1940 geboren. Seine Kindheit und Jugend verbrachte er größtenteils in Waisenhäusern und bei Pflegeeltern. Er ist Psychologe und einer der bekanntesten und meistgelesenen Lebenshilfe-Lehrer der USA. Seine Bücher sind in vielen Sprachen erschienen und haben eine Gesamtauflage von über 50 Millionen erzielt. Wayne Dyer lebt mit seiner Frau und seinen acht Kindern in Florida.

ARKANA
GOLDMANN

# Selbsterfahrung und Selbstbefreiung

Debbie Ford
Das Geheimnis des Schattens 21651

Wayne Dyer, Spirituelle Antworten auf alle Probleme 21652

Debbie Ford, Die dunkle Seite der Lichtjäger 14167

Eli Jaxon-Bear
Das spirituelle Enneagramm 21650

Goldmann • Der Taschenbuch-Verlag